Amare una Dea

Così l'Atalanta ci fa perdere la testa:
sei tifosi eccellenti raccontano

a cura di Fabio Finazzi

CAIRO

ISBN 978-88-309-0472-9
Prima edizione: novembre 2024

Sommario

AMARE UNA DEA

Prefazione

Cosa hanno in comune uno dei più raffinati registi italiani, il sondaggista più autorevole su piazza, lo scienziato di fama internazionale, l'ex inviato di guerra ora scrittore emergente e una brillante cronista di costume? L'Appartenenza. Che non è solo questione di essere tutti bergamaschi, che pure c'entra, come vedremo. Ma è quella cosa che fa dire al regista Davide Ferrario: «Ogni organizzatore che lavora con me sa che, prima di fare qualsiasi programma di riprese, deve consultare il calendario dell'Atalanta». Al sondaggista Nando Pagnoncelli, noto per il suo impeccabile aplomb, in un vertice sul sinodo davanti a quattro vescovi, convocato – accidenti! – proprio la sera del memorabile 3-0 inflitto al Liverpool: «Per essere qui ho rinunciato alla mia vera fede». Allo scienziato Giuseppe Remuzzi, rivolto all'amico super romanista Mario Draghi, che gli telefona ammirato nell'intervallo della gloriosa finale di Europa League a Dublino, uno sbrigativo e scaramantico: «Ci sentiamo a fine partita».

E ancora: è l'Appartenenza che ritaglia all'inviato di guerra Gigi Riva una piccola oasi di serenità sotto le bombe, durante l'assedio di Sarajevo (1993). C'è Atalanta-Juventus (finirà 2-1) e quando con la radio portatile in dotazione per ascoltare il notiziario della Bbc intercetta fortunosamente la voce di Sandro Ciotti in *Tutto il calcio minuto per minuto*, si alza l'urlo liberatorio: «L'Atalanta, l'Atalanta!». Infine, di fronte alla curva sud venuta giù per fare spazio allo stadio rimesso a nuovo, ecco Donatella Tiraboschi, cronista di razza che tante ne ha viste e raccontate, chiudere gli occhi. E pensare a quel che provava da ragazza su quelle gradinate: «Il mondo intorno avrebbe potuto crollare, ma una certezza incrollabile albergava nel cuore: ci sarebbe sempre stata l'Atalanta da andare a vedere. Insieme».

Ma che sarà mai questa Atalanta, che fa uscire un po' di testa cotanta schiera di seri professionisti? Una Dea, perbacco. Errore, fake news, vi correggerà con la matita rossa Pietro Serina, che dell'Atalanta è storico per eccellenza e, nel capitolo finale di questo libro, mette ordine, anche in senso cronologico, all'intreccio di mille ricordi ed episodi topici ricorrenti, evocati dai super tifosi di cui sopra. Storico, Serina, ma non nel senso di distaccato storiografo: dettagli, curiosità, date minuziose trasudano in ogni riga la *vis* del primo tifoso.

Dea non è, dunque. Bensì, secondo la mitologia greca, una ninfa o un'eroina. Eppure, con buona pace dei puristi, il salto di categoria alla fine se l'è guadagnato sul campo, grazie alla divina ascesa di questi anni, che l'ha portata fin lassù, in cima all'Europa. E, siccome al cuore dei tifosi non si comanda, ora è per (quasi) tutti la Dea. Vuoi mettere come viene bene nella coreografia della curva? E come viene comodo e a effetto nei titoli dei giornali? Per non dire dei titoli dei libri. Più precisamente di questo libro…

Già, ma perché scrivere un libro sull'Atalanta? Un libro «vero», intendo. Non la classica strenna o l'instant book fotografico che ne celebra le gesta. Perché l'Atalanta, direbbero impettiti i maghi del marketing, ormai è diventata un brand importante, che sconfina oltre il perimetro delle Orobie. C'è del vero, ma non basta. Un'altra buona ragione è rispondere in modo definitivo all'imbarazzante domanda dal sen fuggita ad Andrea Agnelli e che forse ancora lo arrovella: «Cosa ci fa l'Atalanta in Champions?». Va be', anche questo non basta.

La verità è che io e Luca Ussia (un milanista, pensa te…), l'editor che si è appassionato all'idea, cercavamo una chiave di lettura originale al fenomeno dirompente, per il calcio italiano, dell'era Percassi-Gasperini. Che non è più solo questione di andare dal dentista, come disse Guardiola con la felice metafora poi ripresa dagli allenatori di mezza Europa, a voler intendere la difficoltà di incontrare una squadra che propone un calcio innovativo e insidioso per tutti. Qui siamo di fronte a un intervento chirurgico profondo e invasivo, che ha restituito al movimento italiano un modello societario vincente, stabilmente competitivo in Europa, con tanto (udite, udite) di stadio di proprietà nuovo di zecca. E con un leader indiscusso, il Gasp, che modella o rianima talenti a raffica e miete proseliti tra i colleghi. Un condottiero, in verità, un tantino bizzoso e intemperante. Insomma, un caratteraccio. D'altronde, avete mai conosciuto un genio, quale si è calcisticamente dimostrato, con un carattere dolce?

Ma non è solo di football che stiamo parlando. Se è vero, come è vero, che il fenomeno Atalanta, la provincia un po' destabilizzante che allarga i confini, la ninfa che diventa Dea, si è via via caricato di significati: uno su tutti la voglia di riscatto dopo il buio profondo del Covid, di cui Bergamo è stata la rappresentazione mediaticamente più esposta in tutto il mondo. Poiché di simboli stiamo parlando, anche una Coppa alzata nel cielo di Dublino può diventare, fosse anche per una notte, motivo di orgoglio per tutti, incluso chi, il calcio, abitualmente lo ignora o lo schifa.

C'era dunque da raccontare questo originale impasto tra sport e identità bergamasca. La curiosità di capire cosa c'è dietro, di andare alle origini. E cosa c'è di più interessante che sviscerare un fenomeno dal di dentro, con l'occhio dichiaratamente fazioso e per nulla edulcorato del tifoso? Li abbiamo chiamati a raccolta, questi tifosi, con una consegna – si direbbe a scuola – a tema libero: raccontateci la vostra Atalanta in libertà.

L'assortimento sembrerà a qualcuno perfino un po' bizzarro. Ma, datemi fiducia, gustatevi questi pezzi d'autore riga per riga, dove quasi tutti ripartono, e non dev'essere un caso, dalla loro infanzia. Chi di voi è atalantino si appassionerà e si identificherà in questi frammenti biografici che, singolarmente ricomposti in un affresco unitario, finiscono, con slancio letterario, per ripercorrere il vissuto di diverse generazioni. Chi non lo è o addirittura è renitente al calcio, vedrà soddisfatta la sua voglia – se ce l'ha – di capire qualcosa di più su questa Dea o Atalanta, chiamatela come diavolo vi pare, che è sulla bocca di tutti. E forse, più in generale, anche su questo mondo del calcio, spacchettato, svilito e svenduto in streaming al miglior offerente. Ma che conserva un'irriducibile venatura di sana – diciamo pure religiosa – per quanto irrazionale fascinazione.

E qui mi sento in dovere di fare outing: l'Atalanta, come un fiume carsico, con alti e bassi a seconda delle stagioni della vita, è stata anche per me una grande passione. Lasciate dunque che per un attimo torni a mia volta bambino. Primi anni Settanta. Siamo a Gandino, profondo Nord, ultimo paese dell'omonima valle, laterale della Val Seriana. Ora che ci ripenso l'Atalanta è stata oggetto del primo articolo della mia vita, seduto sui banchi della scuola elementare. È un lunedì e il giorno prima sono stato all'Atalanta (altri vi spiegheranno perché a Bergamo si dice proprio così...). Passo l'intera mattinata, intervallo incluso, a descrivere minuziosamente in un tema, azione per azione, tutta la partita. Ricordo che il maestro il giorno dopo chiamò, più preoccupato che ammirato, i miei genitori. Del resto, ricordo anche nitidamente che l'amore per la ninfa (all'epoca non aveva ancora fatto il salto ontologico) era in quegli anni una specie di malattia. L'intera settimana era un sabato del villaggio, in attesa della partita della domenica. E nelle stagioni più piovose stavo con il naso appiccicato alla finestra, con l'ansia che il campo diventasse impraticabile. Poi, arrivato il gran giorno, dovevo sperare che qualcuno mi ci portasse, all'Atalanta. A Gandino, e in tanti altri paesi della provincia, vigeva un regime di stretto controllo sociale. Per cui funzionava così: «Vai in piazza e vedi se c'è qualcuno che va allo stadio» mi dicevano i miei genitori. Oggi verrebbero arrestati per abbandono di minore. Allora, potete starne certi, quel qualcuno mi prendeva in consegna, si prendeva cura di me e mi riportava a casa sano, salvo e felice.

E poi c'era lo zio Censo. Ognuno nella sua infanzia ha avuto, credo, uno zio (o una zia) mitico e complice. Il mio era appunto lo zio Vincenzo, detto Censo, che ogni tanto mi portava in trasferta. Apoteosi. La trasferta ogni volta era per me bambino, che partivo da quel microcosmo dove sembrava che il tempo si fosse fermato, una specie di viaggio transoceanico, un'emozione incredibile. Indimenticabile la trasferta di Pisa. Pochi giorni prima dell'evento cominciai a sentirmi poco bene. Ero chiaramente malato. Non ricordo con quale magheggio io e lo zio Censo riuscimmo a tenerlo nascosto ai miei genitori. Così indimenticabile diventò anche la visita mattutina alla Torre di Pisa, dalla cui cima, favorito dalla nota inclinazione del monumento, vomitai copiosamente. In compenso di dimenticabile ci fu il risultato: 4-0 per loro.

Da buon tifoso medio ho altresì le mie medaglie da esibire. Per esempio, Pier Luigi Pizzaballa, che per il grande pubblico calcistico è sempre stato la figurina Panini mancante, inseguito per questo e intervistato fino al limite dello stalkeraggio. Ma per il popolo atalantino è stato prima di tutto un grande portiere e un grande uomo. Cioè, una bandiera, merce oggi rarissima. Sul finire della carriera, era ancora in attività, faceva nel tempo libero il volontario all'oratorio cittadino di Sant'Antonio da Padova, a Valtesse, che io frequentavo dopo aver traslocato con la mia famiglia da Gandino. Giocavo a calcio, età scuola media, nell'Antoniana. Difensore discretamente scarso. Ma a quei tempi la regola che all'oratorio giocano tutti era ancora ferrea. E, soprattutto, Pizzaballa era il mio allenatore. Vi immaginate l'orgoglio con cui lo raccontavo in giro?

La seconda medaglia è l'amicizia con Emiliano Mondonico, altra bandiera, altro grande uomo. Bisogna andare avanti in fretta con la macchina del tempo fino al giorno in cui Ferruccio de Bortoli mi chiamò al *Corriere* e mi affidò il compito di aprire l'edizione di Bergamo (siamo nel 2012). Ero a caccia di idee e editorialisti. E mi venne in mente il Mondo, che avevo conosciuto quando, da giovane cronista del *Giorno*, mi fu affidata anche la mansione di seguire l'Atalanta. Andai a trovarlo a Rivolta d'Adda, nel suo celebre *buen retiro* tutto calcio e salami. Gli proposi di tenere una rubrica. Accettò con entusiasmo, a partire dal numero d'esordio del *Corriere Bergamo*. In redazione avevo già incaricato un collega di fargli da *ghostwriter*. Di solito usa così nei giornali: il personaggio di turno, non avvezzo alla scrittura, manda il suo testo che viene rielaborato con linguaggio giornalistico. L'articolo dell'Emiliano entrò in pagina tale e quale, senza cambiare neppure una virgola. Il ragazzo aveva talento. Nacque una straordinaria rubrica settimanale, *Notizie del Mondo*, dove discettava ora di storie di fiume, ora di lotta alle dipendenze dei giovani da alcol e droga (campo in cui era impegnatissimo), ora di Atalanta. Calcio e territorio, di nuovo l'impasto tanto caro al paradigma dell'atalantinità.

Di aneddoti come questi ne troverete a volontà, e di ben più gustosi, nelle pagine a seguire.

Leggerete Ferrario che spoilera l'amico Abatantuono. Cinque anni fa Diego, indignato dalla cessione del club a un fondo finanziario, se ne uscì proclamando che smetteva di tifare Milan e passava all'Atalanta. Era una *boutade*, ovviamente. Ma lui gli regalò una sciarpa nerazzurra, con ricamata sopra, in oro, la scritta Diego. Il tutto è documentato da una foto – Abatantuono con la sciarpa al collo –, che tuttavia Ferrario ha l'obbligo di tenere segretamente in un cassetto.

A proposito di Milan, Pagnoncelli, nel suo racconto affidato alla penna arguta di Simone Bianco, rievoca una partita che resterà per l'eternità nell'archivio dei torti (imperdonabili) subiti dal popolo atalantino. Gennaio 1990, al Comunale si gioca Atalanta-Milan, che vale l'accesso alla semifinale di Coppa Italia. C'è Borgonovo in area infortunato, Strömberg butta la palla fuori, come impone il fair play. Quando Rijkaard la rimette in campo, Massaro incredibilmente non la restituisce. Nasce una convulsa azione in area, fallo da rigore. Lo tira Baresi, segna e butta fuori (anziché la palla) l'Atalanta dalla Coppa. Anni dopo, Pagnoncelli, che allora era in forza ad Abacus, viene chiamato dal Milan per un lavoro. Davanti, guarda un po', si ritrova proprio Massaro. Lo affronta con il suo consueto garbo, ma alla fine a parlare è il tifoso che c'è in lui: «Ma perché quella palla non l'avete restituita?!». E comunque quel lavoro con il Milan non lo accetterà...

Remuzzi invece vi racconterà di quell'altro caso topico, sempre datato 1990. Atalanta-Napoli: una monetina da cento lire colpisce Alemao alla testa. Non pare nulla di grave, ma il massaggiatore Carmando gli intima: «Stai giù». Partita persa 2-0 a tavolino. All'ospedale dove sarà refertato c'era un neurochirurgo amico di Remuzzi. Il tifoso che c'è in lui lo chiama in causa come testimone diretto: «Gli fecero perfino la Tac. Non c'era nulla, ma proprio nulla...».

Gigi Riva, pescando nel suo repertorio della letteratura dal vero, scolpisce invece, tra i tanti personaggi, «ol Finass», il Finazzi (che, a scanso di equivoci, non sono io), leader incontrastato del club Amici dell'Atalanta di Nembro, il suo paese di origine: «Narra una leggenda che gli fossero anche cresciute le stimmate una volta che per appendere uno striscione alla balaustra della curva nord del Brumana si era lacerato entrambe le braccia per il filo spinato che divideva gli spalti dal campo. Erano, le stimmate, il segno di riconoscimento del sacerdote "dell'ultima rappresentazione sacra", il calcio nel giudizio di Pier Paolo Pasolini».

Personaggi che restano scolpiti nella memoria ne sono passati tanti anche nell'albergo di famiglia di Donatella Tiraboschi, a Selvino, lo stesso frequentato dal Mago Helenio Herrera nelle sue fughe clandestine con la «morosa», quando l'Inter era in ritiro a San Pellegrino Terme. A partire da Angelo, così intimo della famiglia che per Donatella era semplicemente lo «zio». Lei all'età di sette anni aveva (velleitarie) ambizioni da calciatrice, lui si impegnava a insegnarle a palleggiare. Lo zio Angelo, che di cognome faceva Piccioli, diventerà diversi anni dopo allenatore dell'Atalanta.

Per tutti lo stesso mantra: è vero, nella storia nerazzurra, c'è un prima e un dopo Gasperini. Come un prima e un dopo Cristo. Ma non si potrà mai capire fino in fondo il giubilo del trionfo in Europa League se non si ha provato lo sconforto del minimo storico, l'unica volta in cui l'Atalanta finì rovinosamente in serie C, e l'immediata voglia di riscatto di tutto l'ambiente che ne seguì. Il filo conduttore, la diversità rivendicata in modo unanime rispetto a tante altre fedi calcistiche, è la simbiosi tra la squadra e la città, evocata così frequentemente anche da Gasperini da Grugliasco, che bergamasco non è. Anzi sì, visto che è diventato cittadino onorario. Simbiosi difficile da spiegare, ogni analisi sociologica o antropologica risulta troppo spiccia.

Ci viene in soccorso Serina, il nostro storico. Ci informa che, ristrutturato lo stadio-gioiello da cento milioni che neppure sembra di essere in Italia, il club sta ora pensando di realizzare un museo. Già, ma che ci mettiamo nel museo: soltanto due Coppe, la Coppa Italia 1963 e l'Europa League 2024? Sostiene Serina: «L'Atalanta è una società capace di costruire le sue fortune sui ragazzi del vivaio e sulla scelta di tenere i bilanci in ordine, rigorosamente bergamasca eppure internazionale come poche altre, capace di fare dello spirito di sacrificio e del senso d'appartenenza i suoi segni peculiari. Una società del genere un museo ha il dovere di crearlo... Un museo dell'appartenenza». Oplà, ecco rispuntare la parolina magica da cui siamo partiti: Appartenenza. Sì, ci sembra una buona idea.

Fabio Finazzi

Confessioni di un tifoso

di Davide Ferrario

Girava una storia, in famiglia, che mia madre raccontava così. Pare che in prima o seconda elementare le ripetessi con convinzione: «Mamma, divento portiere dell'Atalanta e poi ti sposo». Mia madre, donna semplice e lontana anni luce dalle inquietanti teorie freudiane sul complesso di Edipo, sorrideva ogni volta che lo ricordava. La sua interpretazione era che fin da piccolo dimostravo di essere un ragazzo giudizioso e previdente, nel senso che – prima di sposarla – pensavo a sistemarmi con un mestiere: anche se, piuttosto che calciatore, so che avrebbe preferito un più tradizionale lavoro impiegatizio. Oggi, Edipo a parte, ricavo da quella vecchia storia due considerazioni. La prima è che fin da piccolo mi identificavo nel ruolo di portiere, quello che ho poi sempre praticato. D'altra parte erano gli anni dei mitici Cometti e Pizzaballa, eroici interpreti del ruolo, come si diceva allora, di «estremo difensore»: un termine non privo di una certa epicità. Così mi sono sempre ritrovato tra i pali, e d'altra parte non era difficile: in porta non ci voleva stare mai nessuno. Ho cominciato con le partite tra compagni di scuola sul campo della Fara per arrivare, con la maturità, alla Nazionale Registi con cui ho giocato a San Siro davanti a 80.000 persone in diretta tv: un episodio che mi ha fatto guadagnare presso il parentado molta più stima di qualsiasi premio cinematografico o letterario abbia mai vinto.

La seconda considerazione, e qui veniamo al punto, è che fin dalla più tenera età tifavo Atalanta. Non era scontato. Mio padre era milanista e praticava quella dottrina della «doppia fede» comune a molti bergamaschi, secondo cui tieni all'Atalanta quasi per inerzia e contemporaneamente a una delle «grandi» per potere ogni tanto vincere qualcosa. Una pratica, questa, che è stata ribaltata solo di recente, nell'era Gasperini; bollando i soggetti che la praticano col marchio – carico di motivata commiserazione – di «bergamasco contronatura».

La nostra casa era all'inizio di via Ponte Pietra, proprio dietro lo stadio, e mio padre ogni tanto mi ci portava con lui. Di quel periodo ho un solo ricordo, ma vivido, come una fotografia scattata ieri. È una giornata di sole, siamo in curva sud, lui ha in mano un giornale e mi sta fabbricando quel berretto da muratore che andava in voga tra il popolo negli anni Sessanta e che ai miei occhi costituiva un miracolo di abilità manuale. Si prendeva un foglio di quotidiano e lo si piegava e ripiegava con una tecnica efficace, una sorta di origami autoctono, al fine di produrre a costo zero un copricapo che proteggesse dal sole. Ricordo anche la partita: era Atalanta-Modena. Mi sovvengono in particolare le maglie giallo acceso dei modenesi. Per questo erano definiti «canarini», così come noi venivamo chiamati «orobici», i bolognesi «felsinei» o «petroniani», quelli dell'Inter «ambrosiani». Erano parole che all'orecchio di un bambino suonavano esotiche, perché non riuscivo a dargli un significato: eccetto, appunto, i «canarini» che io cercavo con gli occhi per il campo, senza ovviamente riuscire a vederne in volo. Dopo consultazione incrociata, l'onniscienza di Wikipedia mi dice che doveva trattarsi del 1963 o del 1964, gli unici due anni di quel periodo in cui il Modena fu in serie A. Quindi avevo tra i sei e gli otto anni. Wikipedia dice anche che vincemmo in entrambe le occasioni, e certamente è così perché ricordo un clima festante. Il ricordo è significativo anche perché segna l'inizio di quello che, nel corso di sessant'anni, è stato il mio periplo personale dello stadio, che iniziò proprio lì, con mio padre in curva sud.

Ignoro se ho in mente quella partita col Modena perché fu una delle poche a cui mio padre mi portò o perché la memoria fa un po' quello che vuole. Ma forse è vera la prima ipotesi, perché invece ricordo benissimo molti pomeriggi degli anni Sessanta incollato alla radio ad ascoltare *Tutto il calcio minuto per minuto*, quando la Rai mandava in onda solo i secondi tempi (un vero mistero, a ripensarci). Fino a quel primo collegamento ignoravi il risultato, tanto che aspettavo il momento rivelatore con ansia crescente, cercando di interpretare i boati provenienti dall'allora Brumana come un aruspice con le interiora dei sacrifici, anticipando supposizioni che poi si bruciavano in un attimo con le scarne parole di Ciotti o Ameri: risultato e marcatore. Io mi ero organizzato in un modo che, a pensarci adesso, precorreva certe trasmissioni sportive in onda ancora oggi, quelle che non hanno i diritti delle immagini. In quei tempi il *Corriere dei Piccoli* (sia lode a quella gloriosissima pubblicazione) stampava, all'inizio del campionato, i disegni dei giocatori di ogni squadra. Da non confondersi con le figurine Panini: qui si parla dei giocatori in azione, che potevi tagliare e fustellare con del cartone al fine di farli stare in piedi, perché avevano una specie di basamento col nome di ciascuno. Poi li schieravi sul tavolo della cucina, lasciato libero dalle matrone di casa dopo il pranzo domenicale, e con la radio accesa ti figuravi la partita simulandone le azioni, usando un pallone fatto di carta appallottolata. Sconsigliato altro materiale, che avrebbe ribaltato le sagome allo stesso modo in cui il nostro stopper di allora, il compianto Piero Gardoni, abbatteva gli avversari. Per questo, mio padre lo gratificava settimanalmente dell'epiteto di «scarpone». Non ho invece memoria della storica vittoria in Coppa Italia del 1963, forse anche per via della morte, il giorno dopo, di papa Giovanni. Mi sembra di ricordare che in seconda elementare ci venne dato da scrivere un tema sul «papa buono», nonostante si fosse ormai agli sgoccioli dell'anno scolastico.

Da lì in poi faccio fatica ad avere ricordi precisi. L'Atalanta, nella mia vita, c'era, ma senza grandi passioni. Di sicuro non mi portavano allo stadio; e, d'altra parte, era un periodo di *aurea mediocritas* della squadra. Ogni anno si rimaneva in serie A più o meno tranquillamente: ci accontentavamo di essere considerati «la regina delle provinciali» e il nostro orizzonte era più o meno quello di una ritualità serena, senza drammi e senza entusiasmi. Dev'essere per quello che ricordo quei pomeriggi tutti uguali, come un lungo nastro di quotidianità anche un po' noiosa, di quella noia di cui è fatta l'adolescenza e che è vera grande maestra di vita, mentre oggi viene sfuggita come una maledizione. Poi venne il Sessantotto. Non che ne avessi una vera coscienza (avevo dodici anni), ma era impossibile non sentire che il vento stava cambiando. Io andavo alle medie alla Bernardo Tasso, in Città Alta, che allora condivideva la sede con il liceo Sarpi. Una mattina ci ritrovammo nel mezzo di un duro confronto tra liceali e polizia, con gli insegnanti che ci prendevano al volo spingendoci giù per piazza Rosate gridando: «Tornate a casa!». Anche mio padre, per quanto bancario più che conformista, finiva spesso con lo scioperare, per la disperazione di mia madre. (Scoprii più tardi che a Bergamo ci eravamo arrivati proprio per via di uno sciopero a cui mio padre aveva aderito e che aveva portato al suo trasferimento punitivo da Casalmaggiore, mio paese natale; non avesse scioperato, oggi magari sarei della Cremonese...).

Per me lo spirito ribelle dei tempi si incarnò in uno specifico per molti versi fatale: il cineforum. Cominciai a frequentarlo con mia madre, e poi da solo. Non so se vi ricordate che film impegnati giravano allora per i cineforum (il mio era quello dei Celestini, per ironia della sorte il più vicino allo stadio...): *Z – L'orgia del potere*; *Fragole e sangue; Zabriskie Point*; per non parlare di tutti i Bellocchio, Rosi, Petri... Non fossero bastati i film, c'era il dibattito. Nel quale si parlava poco della forma e molto del contenuto, cioè della crisi di valori così violenta che stavamo vivendo. E successe così che un sabato pomeriggio, dopo non so quale film, il moderatore (era il buon Angelo Bendotti, allora giovanotto, e poi storico e direttore dell'Istoreco locale) concluse un dibattito sulla società dei consumi con queste parole: «Certo che finché si continuerà a guardare la televisione, a comprare quello che ti dice la pubblicità, ad andare allo stadio a vedere le partite di calcio, nulla cambierà davvero». Posso citare quel discorso pressoché *verbatim* perché è un altro di quei ricordi fotografici che mi sono portato dietro tutta la vita. Fui folgorato e messo davanti al muro delle mie responsabilità: se volevo davvero cambiare il mondo, dovevo cominciare da me stesso. Diventai un contestatore integralista, non dissimile da molti miei compagni: la prima vittima di questa rivoluzione privata fu il calcio. Non aiutò nemmeno il fatto che in quel campionato, il 1968-69, l'Atalanta fosse finita in serie B. La mia prima stagione di tifoso terminò così, sacrificata sull'altare dell'ideologia.

D'altra parte, gli anni Settanta, per un giovanotto come me, avevano ben altre attrattive che non il pallone. Per i dodici anni successivi dimenticai qualsiasi cosa avesse a che fare con i nerazzurri e col calcio in generale, salvo vedere il leggendario Italia-Germania 4-3. Ma il giorno di quella mitica partita ero ancora nella zona grigia, solo quattordicenne. Al liceo e all'università il calcio venne semplicemente relegato nella categoria di «oppio dei popoli». Questo, per ironia, mi impedì di partecipare alla nascita di uno dei fenomeni calcistici e sociopolitici di più lunga durata (certamente più duraturo delle rivolte di quel decennio): gli ultras. Nel 1973 si formano i Commandos, nel 1976 le Brigate Nerazzurre. Nome e simbolo (il Che che sormonta una stella a cinque punte) non lasciavano dubbi sulla collocazione politica della curva. Ma credo che accolsi la cosa con un filo di snobismo: scimmiottare alla partita quello che succedeva nelle piazze reali mi sembrava di dubbio gusto. Perché impegnarsi allo stadio quando c'erano tanti altri fronti su cui lottare?

Non starò a farla lunga, sappiamo come andò a finire, almeno a livello di massa. Le scelte individuali che si fecero quando quella stagione si spense sono poi responsabilità di ciascuno. Per me, con l'arrivo degli anni Ottanta, tornò anche un po' di passione per i nerazzurri. In realtà, non si era mai spenta del tutto, diciamo che era stata messa in standby. E, paradossalmente, ritrovare a quel punto l'Atalanta in serie C – per la prima (e unica) volta – non mi dispiaceva. Il generale senso di sconfitta con cui si apriva il decennio, sommato a una mia naturale melanconia e all'attrazione letteraria per gli *outsiders*, creavano la giusta atmosfera per il mio riavvicinamento allo stadio. Tornai a vedere qualche partita con gli spalti mezzi vuoti. Gli avversari di quell'anno erano qualche provinciale decaduta e meteore come la Rhodense, la Sanremese, il Sant'Angelo Lodigiano. Era il maggio 1982 quando l'Atalanta vinse il campionato e tornò in B; ma il vero evento epocale avvenne il mese successivo, quando l'Italia trionfò ai Mondiali in

Spagna. Se ci fu mai una festa di popolo sincera e spontanea, fu quella. Il Paese si fermò per ogni partita. Io avevo cominciato a lavorare a Lab80 Film, il cineclub locale, dove tra i cinefili regnava un soave e distaccato disinteresse per il calcio. Ma convinsi tutti a vedere quelle indimenticabili partite contro Brasile e Argentina, dopo le quali ci riversammo nelle vie di Bergamo a far festa insieme a tutta la città.

Fu in quell'occasione che vissi un altro momento rivelatore. Ero di fronte a un certo edificio che durante gli anni «duri» era stato spesso bersaglio delle manifestazioni di piazza. Proprio lì, nel generale clima di entusiasmo ci si abbracciava tutti, amici ed estranei. Mi voltai senza guardare per dare il cinque a chi mi stava dietro. Mi sorrise un carabiniere, allegro pure lui. In quel luogo e in quel momento sembrava la scena di una brutta sceneggiatura. Se il film doveva raccontare la chiusura di un'epoca, non c'era altro da dire: l'adolescente del cineforum, ora ventiseienne, rientrava nei ranghi proprio grazie a una partita di pallone. Ma l'analisi del momento non era così semplice e banale e ci pensai a lungo nei giorni successivi. Il fatto è che ciascuno di noi vuole fare parte di una comunità: al di là della correttezza delle ragioni per farlo, abbiamo bisogno di identificarci in qualcosa. E a tutti gli effetti la politica si era rivelata una delusione non per i contenuti, ma per lo spessore umano di molti miei compagni. Il calcio poteva sostituirla? Non nello stesso modo, ovviamente; ma penso anche adesso che il tifo possa essere il contenitore (e la risposta del tutto irrazionale, come la religione) di molte contraddizioni sociali. E tifare

Atalanta, una squadra sostanzialmente sfigata, poteva essere un modo per affermare qualcosa sulla mia vita e sulla città a cui appartenevo.

Fu così che, quando nel 1984 tornammo in serie A, rientrai fisso allo stadio, ma in modo completamente diverso da prima. Si era nel pieno di quello che – ricordate? – Renzo Arbore definiva l'«edonismo reaganiano»: si avviava l'era berlusconiana e Craxi aveva dato il via agli sfori di bilancio che adesso costituiscono il nostro enorme debito pubblico. Insomma, spendere non era più considerato un peccato, nemmeno a Bergamo. Anzi. Così, anche in considerazione del fatto che adesso un mestiere ce l'avevo, andare all'Atalanta imponeva un cambiamento radicale. Lo descrisse bene Martino, da allora il mio storico amico di stadio e non solo. Martino era figlio di contadini-fruttivendoli che stavano a Fontana, sui colli; aveva studiato al Natta diventando uno dei leader studenteschi di quegli anni. Anche lui, pur rimanendo sempre impegnato, aveva perso la fede nella politica per sostituirla con quella calcistica. Fu lapidario: «Da quest'anno si va alla Scala» disse. Tradotto: io, lui e altri due amici ci prendemmo un abbonamento in tribuna coperta, tra i signori – abbonamento che mantenemmo per due o tre anni, fino alla nuova retrocessione in B. Quell'anno si iniziò in grande stile con l'Inter; si finì con il Verona, che pareggiando vinse lo scudetto. Di quella partita ricordo un lucchetto lanciato verso di noi dagli ultras veronesi, che mi passò a pochi centimetri dal naso. Era l'Atalanta di Nedo Sonetti, di cui Gianni Brera lodava l'«eretismo podistico».

Al di là degli aspetti tecnici, fu quello il periodo che segnò la mia mutazione antropologica a vero tifoso, come avrebbe detto Pasolini. Un tifoso può essere molte cose, ma credo che esista un minimo comune denominatore oggettivo della passione calcistica, una disposizione d'animo che gli atei del pallone non capiscono, ma che, ammessa o taciuta, è ciò che ci fa quello che siamo. Si tratta di disporre la vita intorno al calendario della propria squadra, che diventa la bussola della nostra esistenza: in pratica, si sostituisce la ritualità religiosa con quella da stadio. A Bergamo, molti la vivono in parallelo. Il mio amico Andrea Mastrovito – artista, tifoso e cattolico convinto – la mette giù così: «Prima a messa, poi all'Atalanta». E non c'è nessuna mancanza di rispetto in questo accoppiare Dio e Dea. Anche perché fino al 1993 fu semplice e naturale: non esistevano gli anticipi e i posticipi televisivi. La settimana passava in attesa dell'evento domenicale, anticipandone il piacere o i timori. E alle 14.30 ci si sedeva allo stadio per quei novanta minuti che avrebbero alimentato l'attesa della settimana successiva. Per me l'Atalanta divenne il metronomo della mia esistenza; e lo è tuttora, anche a livelli inconfessabili. Harvey Keitel e Malcolm McDowell non sanno, per esempio, che quando nel 2019 girai un film con loro, il piano di lavorazione era stato metodicamente architettato intorno al calendario della Champions League che quell'anno disputavamo per la prima volta... Ogni organizzatore che lavora con me sa che, prima di fare qualsiasi programma di riprese, deve consultare il calendario dell'Atalanta. Certe volte non lo si può dire apertamente, e allora si lavora sottotraccia, senza farlo sapere al produttore... La consacrazione artistica di questo principio ce la diede nel 1992 Nick Hornby, il famoso scrittore, che nel libro d'esordio, *Febbre a 90'*, raccontò tutta la sua vita scandendola sulle partite dell'Arsenal, la sua squadra del cuore.

Le mie domeniche, in quegli anni, si assomigliavano tutte. Ci si alzava non troppo tardi per essere alle 10 sul campetto del Bajo a Gorle per la partita di basket con Martino e gli amici di Lab80. Finita quella, c'era giusto il tempo di filare a casa per una doccia. Abitavo in cima alla Maresana ed era costume che partecipassi al pranzo della domenica offerto dalla mia virtuale suocera di allora. C'era un tavolo prenotato a una delle trattorie della zona, a cui arrivavo per ultimo ancora gocciolante e da cui partivo in auto non oltre le 13.50, con la polenta di solito ancora nella strozza, fiondandomi giù dal colle oltre i limiti di velocità fino all'incrocio di Ponteranica, dove parcheggiavo. Lì tiravo fuori dall'auto la bici e con quella pedalavo verso lo stadio per arrivare più o meno in tempo per l'annuncio delle squadre. Tutto questo durò finché una domenica non mi rubarono la bicicletta. La partita era Atalanta-Juventus ed è inutile che esprima il pensiero politicamente scorretto che molti di voi che state leggendo, fratelli atalantini, avrete fatto insieme a me...

Parte integrante dei riti da stadio erano gli annunci prima, durante e dopo la partita (come gli scontri celebrati dalla curva). Ripensandoci a quaranta e passa anni di distanza quelle *réclames* vengono a costituire una costellazione che ha la nostalgia dei tempi dello Stock 84, lo sponsor del primevo *Tutto il calcio minuto per minuto.* Erano gli anni Ottanta, ripeto, e l'innocenza l'avevamo persa tutti da tempo. Ma in quei prodotti o esercizi promossi dallo speaker – la cui voce era rimasta immutata dai tempi dei cinegiornali Incom – c'era una specie di follia consumistica caratterizzata da uno spiazzante provincialismo, ma non priva di un suo fascino. Erano le insegne di un piccolo mondo – il nostro – che sembravano esistere solo nello spazio dello stadio. C'era per esempio il Bulova Accutron («Sportivi attenzione, regolate gli orologi»); Novalise, «la valigia dello sportivo»; l'agenzia di investigazioni San Giorgio San Giorgio San Giorgio (così, ripetuto tre volte); Il Quién Sabe e la Discoteca Disco Samuel; per non parlare dell'«omaggio floreale alle squadre offerto da Ravasio. Da cento anni a Bergamo i fiori sono i fiori di Ravasio»... Questi annunci così bislacchi sono oggi per me altrettante *madeleines* proustiane che attivano la memoria di un passato in cui le ascoltavamo settimanalmente come le parole di una liturgia che ci purificava. Questa liturgia aveva anche una parte cantata ed era l'inno interpretato da Marino Magrin: «Anche oggi è festa si sa / e allo stadio insieme si va / a incitare la squadra del cuor / Atalanta immenso amor...». Una banalissima marcetta con un testo da prima elementare, ma che mi ritrovo a canticchiare anche oggi quando meno me lo aspetto e che conteneva una grande verità. La parola chiave era proprio quella: «festa». Che non significava essere per forza contenti, anzi; ma diceva che la domenica era l'appuntamento di tutta una comunità.

Se a questo punto pensate che parlo poco dei risultati della squadra, avete il diritto di farlo. Ma c'è una spiegazione. Chi tifava Atalanta prima dell'avvento di Gasperini non aveva nessun reale obiettivo di successo. La si tifava per puro amore, con l'assoluta convinzione che non avremmo vinto mai niente e che la nostra vittoria era la permanenza in serie A (be', Antonio Percassi ha continuato a ripeterlo anche quando eravamo in Champions...). Al massimo si sperava di umiliare qualcuna delle «grandi» e di far bella figura quanto più possibile; da cui il famoso motto «La maglia sudata sempre», fondamentale criterio di valutazione, per noi atalantini, della qualità di un giocatore al di là della sua effettiva classe. Tifare Atalanta è sempre stato un amore in perdita e la partita una cerimonia da onorare volta per volta. Tanto si sapeva che alla fine del campionato ci saremmo ritrovati lontani dai primi e – se andava bene – anche dagli ultimi. Il bello è che questo non è mai stato vissuto come una mancanza, anzi. Il meraviglioso paradosso di essere atalantini è che la nostra fede non è condizionata dal risultato e che questo non genera un complesso di inferiorità, ma una sorta di superiorità morale su quei poveracci di juventini, interisti, romanisti eccetera che misurano la loro gioia sulla base della classifica. È il meccanismo al cuore dell'«andare all'Atalanta», un modo di dire che rivela inconsciamente che l'identificazione non avviene con la partita, ma con la squadra in quanto tale. Non a caso le Brigate Nerazzurre erano diventate una tra le tifoserie più rispettate e temute: violenza a parte, c'era nella curva un'anima difficile da trovare altrove. E anch'io, nel mio posto da fighetto in tribuna, mi sentivo parte di quella storia: un fatto che avrebbe avuto sviluppi insospettati quarant'anni dopo.

Nel 1987 finimmo di nuovo in B e anche il mio rapporto con lo stadio cambiò. Ovviamente non smisi di andarci: c'era l'ulteriore motivazione di sostenere la squadra per tornare subito in A. Ma la retrocessione corrispondeva a un periodo di finanze non proprio luminose. Io e Martino mollammo la costosa tribuna e ci trasferimmo di fronte, in gradinata. La gradinata, allora, non era coperta ed era esposta alle intemperie tanto quanto le curve; la scegliemmo per ragioni intellettuali. Per dei fini esegeti del gioco, come ci consideravamo, vedere la partita dal lato lungo del campo era fondamentale. Non solo; a quei tempi non c'erano posti numerati e uno poteva spostarsi da una parte all'altra della gradinata durante l'intervallo, per seguire la squadra in attacco. Così, con Mondonico come allenatore, ci vedemmo quel campionato di B. E, naturalmente, l'incredibile avventura della Coppa delle Coppe.

Nessuno pensava veramente alla Coppa, la priorità era il ritorno in A, che venne conquistato solo all'ultima giornata con annessa pacifica invasione di campo e giocatori in mutande. Su YouTube si trova ancora il servizio della Rai sulla partita contro il Messina, con Mondonico intervistato in diretta a bordo campo a partita ancora in corso. Il buon Emiliano è già circondato dai tifosi e cerca di seguire il gioco con apprensione (in realtà mi ricordo che il Messina, con tutta quella gente intorno al campo, aveva già smesso di giocare da un bel po', non sia mai che per sbaglio pareggiassero...). Dice una cosa verissima: «È così, noi bergamaschi dobbiamo soffrire...». Eppure quell'annata ci aveva detto altro: che noi bergamaschi potevamo anche sognare. La Coppa era cominciata in sordina, nessuno la considerava un obiettivo reale e nemmeno realistico. D'altra parte, l'Atalanta partecipava solo perché il Napoli, che l'aveva sconfitta in finale di Coppa Italia, giocava la Coppa dei Campioni e noi eravamo una specie di ruota di scorta. Fino ai quarti di finale incontrammo squadre sconosciute. Il primo fu il Merthyr Tydfil, dei carneadi gallesi con i quali riuscimmo comunque a perdere in trasferta. In rete si trova una sintesi di questa partita, e fa sorridere vedere in che stadio si giocò in Galles, un impianto da squadra di quartiere. Ma nel video si sentono anche i nostri, arrivati in quella specie di Thule calcistica a dimostrare che gli ultras atalantini non si fermavano davanti a niente. Poi ci fu l'Ofi Creta. Anche lì sconfitta fuori e vittoria in casa, come con il Merthyr. Quelle partite si giocarono al mercoledì pomeriggio, con il Comunale semideserto, ci andavano giusto i superappassionati, i pensionati e quelli che – come me e Martino – non avevano un lavoro a orario fisso. La Coppa delle Coppe sembrava una formalità da sbrigare, ma quell'anno avvenne che il Napoli uscì subito dalla Coppa dei Campioni e poco meglio fecero Inter e Milan in Coppa Uefa. Ad aprile di italiane eravamo rimaste solo noi e il Verona in Uefa. All'improvviso entrammo da protagonisti nella storia di Cenerentola: una squadra di B che si presenta al gran ballo del calcio internazionale. Ma questa volta ci aspettava un avversario molto più serio, quello Sporting Lisbona che – ironia del destino – ci aveva già eliminato nell'unica altra avventura europea dell'Atalanta, nel 1963.

Il 2 marzo, giorno dell'andata, lo stadio era pieno. Fu forse anche la prima volta che si vide la curva nord completamente ricoperta da un'enorme bandiera nerazzurra che venne srotolata dall'alto verso il campo. Era una serata tutt'altro che primaverile e i portoghesi restarono congelati sia dalla temperatura sia da una magnifica partita di Strömberg e compagni. Un gol per tempo e via a casa. Sugli spalti si saltava e ci si abbracciava. Eravamo venuti per cercare di fare bella figura. Arrivare alle semifinali era diventata più di una speranza. Toccava aspettare due settimane, allora era così.

A Lisbona andò un manipolo di coraggiosi, ad accompagnare una squadra rabberciata per gli infortuni; e noi restammo a guardare la tv. Fu una sofferenza infinita, perché lo Sporting andò in vantaggio e ci toccò difendere l'altro gol, finché Cantarutti, a otto minuti dalla fine, segnò dopo un contropiede che non sembrava finire mai e che tutti noi tifosi ci ricordiamo al rallentatore, un fotogramma dopo l'altro, tipo film di Peckinpah. Sembra incredibile, ma con la contemporanea eliminazione del Verona, l'Atalanta restava l'unica squadra italiana in Europa. A fine telecronaca, la famosa sigla dell'Eurovisione acquistava un sapore particolare. In semifinale ci toccarono i belgi del Malines, una sorpresa come noi, e a questo punto sognare un'inimmaginabile finale con l'Ajax non era impossibile. Anche perché da loro perdemmo 2-1, ma con la regola del goal segnato in trasferta a Bergamo bastava vincere 1-0.

Il 20 aprile 1988, quelli che c'erano, se lo ricordano tutti con la nitidezza di una fotografia. Non si era parlato d'altro per due settimane. Ricordo che quel giorno non riuscii a combinare niente, non facevo altro che contare le ore che ci dividevano dall'incontro. Feci una lunga passeggiata sulla Maresana; era un giorno tipico di primavera, con un cielo che cambiava in continuazione. Ebbi anche tempo di chiedermi se era sensato che fossi così teso per una partita di calcio, ma era come farsi domande razionali quando si è innamorati. A un certo punto bisogna solo ascoltare quello che si sente. Entrai allo stadio due ore prima della partita, ma era già quasi pieno. Non si era mai vista una cosa del genere: stipate nel vecchio Comunale c'erano quasi quarantamila persone, in barba a ogni misura di sicurezza. Ma a chi importava della sicurezza. Il cielo andò man mano scurendosi e allo 20.30 di quella notte fatale Ohana, il loro numero 10, diede il calcio d'inizio.

L'immagine più vivida di quello che successe dopo è l'ultima. Lo stadio che si svuota, in un silenzio veramente irreale. E si svuota velocissimo, che ancora mi chiedo come fisicamente fecero a uscire così in fretta quelle quarantamila persone. Ma forse era tutta un'illusione; la verità è semplicemente che rifiutavo di credere a ciò che era successo e me ne restavo abbarbicato alla gradinata come uno che viene mollato dalla ragazza e non se ne fa una ragione. Avevamo avuto un sacco di occasioni, il loro portiere aveva fatto l'eroe, eravamo comunque andati in vantaggio e poi, nel secondo tempo, i belgi avevano indovinato due tiri della domenica (o del mercoledì, se volete); e pian piano il cuore del tifoso aveva capito che il destino era segnato... Fuori dallo stadio festeggiavano i tifosi del Malines (loro nei cori ritmavano però «Me-che-len, Me-che-len» in fiammingo), ma nessuno pensò di aggredirli. In fin dei conti sembravano proprio come noi, una specie di bergamaschi del Nord Europa; e anche la loro squadra, tutto sommato, assomigliava un po' alla nostra. Erano stati solo più fortunati; e noi atalantini ne accompagnammo la gioia come fosse un po' nostra.

Ecco, forse proprio il sentimento che ci prese tutti quella sera rivela perché Bergamo è legata alla sua squadra in modo così particolare. Quel 20 aprile 1988 capimmo che essere bergamaschi ci porta in dote un sogno e insieme una maledizione. Il sogno è quello che, se sei umile e sai lavorare come si deve, puoi arrivare dappertutto, il mondo può essere tuo – così come l'Atalanta arrivava alla semifinale europea dalla serie B. Ma contemporaneamente senti anche che in qualche modo sei destinato a fermarti su una soglia, e che oltre quella soglia c'è una festa a cui non sarai invitato. Non perché non ne sei degno, ma perché sei bergamasco: ed essere bergamasco significa proprio conoscere quel limite, nel bene e nel male. Così come si vuole che Geova diede in sorte agli ebrei di essere erranti, per noi qualche divinità aveva stabilito la regola che ci dovevamo accontentare. E questa regola la beviamo col sangue materno. Sulla base di essa misuriamo tutta la nostra vita, anche se non ne siamo consapevoli. La chiamo maledizione, ma è anche la fonte del nostro orgoglio, perché ci rende quello che siamo. E ci procura quello a cui teniamo di più: non la vittoria, ma il rispetto. Così, quella sera tornammo a casa tristi, chiedendoci come avevamo fatto a crederci davvero, che saremmo andati in finale con l'Ajax. Ma anche pacificati. E il giorno dopo riprendemmo a fare quello che facevamo, che facciamo ogni giorno. A darci da fare e a coltivare un sogno.

Quello che non potevamo immaginare è che quel sogno, trentasei anni dopo, sarebbe diventato realtà in una maniera ancora più incredibile.

Un anno dopo, giro il mio primo film e divento ufficialmente un regista. Non saprei dire esattamente come ci sono arrivato, non è che fosse un mio sogno da giovanotto. È una combinazione di volontà e destino che mi ha portato lì. «Lì», peraltro, è un concetto tutt'altro che entusiasmante. Ovvio, è meraviglioso fare un lavoro creativo, ma non offre nessuna sicurezza economica. Dovrò aspettare il terzo film, *Tutti giù per terra*, nel 1997, per diventare un professionista a tutti gli effetti. Nel frattempo la fluttuazione finanziaria da *bohémien* impatta ulteriormente sul budget da stadio. C'è anche da tenere presente che tutta la serie A sui canali satellitari iniziò solo nel 1996: fino ad allora «andare all'Atalanta» era l'unico modo di vedere la partita. Non sempre c'erano i soldi per il biglietto, ma ci soccorreva un'usanza dell'epoca che oggi è impensabile. A un quarto d'ora dalla fine al Comunale venivano aperte le porte, sia in uscita sia in entrata. E quindi andava così: io e Martino rimanevamo fuori ad ascoltare la partita «da remoto» e poi ci fiondavamo dentro per gli ultimi quindici minuti.

Martino fu come sempre il mio sodale in una indimenticabile accoppiata calcio-cinema. Nel 1992 un film a cui avevo collaborato come sceneggiatore (*Manila Paloma Blanca* di Daniele Segre) venne invitato alla Mostra del Cinema di Venezia. Era il mio primo invito a Venezia ma, entusiasmo a parte, notai subito che il giorno previsto per la proiezione, il 3 settembre, veniva – guarda caso – dopo il ritorno di Coppa Italia con i lagunari. Una partita particolare, perché arrivava dopo un'andata persa per un errore nella compilazione della squadra. Bisognava ribaltare lo 0-2 a tavolino e così io e Martino partimmo con la mia Ford Station Wagon di seconda mano con un programma ben preciso: partita al Penzo, notte in auto al Lido, e il giorno dopo gloriosa entrata al Palazzo del Cinema. Se uno si chiede come mai dovessimo ricorrere al sacco a pelo nella Ford e non a qualche lussuoso hotel, rivelerò un dettaglio specifico dei festival e una legge generale del cinema. Il dettaglio: ai festival vengono invitati registi, attori e produttori, nonché i giornalisti. Gli altri si devono arrangiare. La legge generale: il nostro mondo vive perennemente in bilico tra le stelle e le stalle e non conosco nessun'altra professione in cui la ricchezza e la miseria siano così mescolate, spesso senza riuscire a distinguerle l'una dall'altra. Per esempio, a quei tempi era famoso nella cerchia dei cinefili «il polacco»: un oscuro critico di Varsavia che riusciva a campare mendicando inviti a un festival dopo l'altro, dormendo in pensioncine e mangiando con i buoni pasto: era comunque meglio che tornare nella Polonia di Jaruzelski. Per la cronaca, a Venezia vincemmo, ma un gol preso nei supplementari ci eliminò dalla Coppa. Sempre per la cronaca, Martino russava come una locomotiva.

Sul campo, furono stagioni di alti e bassi, da un quarto di finale di Coppa Uefa nel 1991 a una nuova retrocessione tre anni più tardi. Ma di quel periodo il ricordo più intenso è il famigerato Atalanta-Milan del 24 gennaio 1990, quello definito da Candido Cannavò «la cafonata del mercoledì». Inutile ricordare il fatto in sé, ben noto. Io ero lì, in gradinata, come sempre, una brutta giornata invernale che minacciava pioggia, tanto che mi ero portato l'ombrello. Delle molte cose che si sono dette su quel fattaccio, una sola è quella che penso io: ci sono state mille occasioni, per il Milan, di evitare quello che accadde, bastava volerlo. E non dimentico gli infami festeggiamenti per il rigore segnato, alla faccia delle scuse che sbagliarlo sarebbe stato un illecito sportivo. Quella che vedemmo quel giorno fu una flagrante ingiustizia compiuta da un potente ipocrita su un giusto inerme. Tornai a casa senza ombrello, che fu ritrovato dagli inservienti insieme a quello che ciascuno di noi aveva per le mani e che tirò in testa a Baresi e compagni. Martino, che aveva una simpatia ereditata dai famigliari per i milanisti, abiurò per sempre quel giorno la tradizione di casa.

Ma la nemesi («punizione o vendetta con carattere di ineluttabile fatalità» dice la Treccani) aspettava i berlusconiani al varco. L'8 aprile di quello stesso anno al Comunale si verificò un altro fattaccio, quello della monetina sulla testa di Alemao durante la partita col Napoli. In gradinata non si vide tanto bene la cosa, accaduta sotto la tribuna coperta. Ma la pantomima che seguì fu facile da interpretare. Il pareggio sul campo venne così ribaltato in sconfitta a tavolino. Non cambiò il nostro campionato, ma regalò lo scudetto al Napoli. Certo, tutto questo ribadì la nostra marginalità negli affari del calcio. Potevamo al massimo assurgere al rango di comparse delle vittorie o delle tragedie altrui.

Tra il 1996 e il 1997 la mia vita cambiò radicalmente. Da una parte, come ho già detto, *Tutti giù per terra* divenne il mio primo film di successo. Dall'altra, sul set mi innamorai di una torinese (che ancora mi sopporta) ed emigrai in riva al Po. Ovviamente, andare a vivere in un'altra città ebbe un impatto radicale sul modo di vivere il tifo. Per un po' cercai di difendere la tradizione domenicale. Invece di concedermi agli ozi coniugali, mi alzavo alle otto e salivo in macchina per presentarmi intorno alle 10.30 al campetto di Ponteranica, all'inizio della salita della Maresana, dove si era trasferita la partita di basket tra amici. Poi doccia da Martino, casoncelli alla trattoria Caironi in via Torretta, stadio, partita, birretta al baretto intanto che il traffico smaltiva e ritorno a casa per cena. La cosa andò avanti finché fu ragionevolmente possibile sostenerla con la consorte; e fu definitivamente minata quando, a cavallo del millennio, le pay tv si impossessarono definitivamente del campionato scardinando il calendario con anticipi e posticipi. Divenni, a forza, un tifoso da salotto, concedendomi solo saltuarie incursioni allo stadio, spesso in trasferta: sempre a Torino, ovviamente; talvolta a Milano. Una in particolare generò una memorabile situazione da commedia all'italiana. Quello era il periodo in cui io e Diego Abatantuono ci frequentavamo spesso, tanto che nel 1998 girammo insieme *Figli di Annibale.* Ovvio che il calcio facesse parte dell'amicizia e quell'anno Diego invitò me e Martino a vedere un Milan-Atalanta in tribuna d'onore a San Siro. La partita sul campo fu un massacro (3-0 per loro), ma quello che ricordo della trasferta fu l'atmosfera della tribuna d'onore, con i suoi salotti, il buffet e la generale sensazione che a quelli che erano lì della partita fregasse meno di zero. Ma la parte divertente fu come ci arrivammo, in tribuna d'onore. Diego si era fermato a parlare con qualcuno e ci aveva detto di andare avanti. Noi avevamo preso un ascensore ed eravamo saliti. Quando le porte si aprirono rimanemmo interdetti: davanti a noi c'era un picchetto di vigili in alta uniforme, che scattarono sull'attenti. Quando videro chi c'era nell'ascensore restarono ancora più interdetti di noi. Dopo pochi istanti fu chiaro il perché. Dalla scala a destra arrivò Silvio Berlusconi con un codazzo di adepti e si capì che nell'ascensore doveva esserci lui, non quei due sfigati atalantini.

A Roma, qualche anno più tardi, ci ritrovammo in un'altra situazione paradossale. Io ero lì per lavorare su un film con Pietro Taricone, che, ahimè, non si fece mai. Anche lì un'occhiata al calendario mi aveva rivelato che si poteva unire l'utile al dilettevole, visto che c'era in programma un allettante Roma-Atalanta serale all'Olimpico. Ci presentammo allo stadio poco prima del fischio d'inizio e comprammo due biglietti settore ospiti. Entrammo in una curva blindata da un intero plotone di poliziotti, e già occupata dai nostri trasfertisti. Lì avvenne un fatto curioso e che ancora non so spiegare bene. Appena entrati, facilmente riconoscibili nel deserto che era stato creato intorno ai nostri ultras, una voce di ragazza gridò: «*Ada che gh'è anca ol Ferario. L'è egnìt a tirà i prede co' noter*». Devo dire che essere riconosciuto in quel contesto mi procurò un certo orgoglio. Sul campo i romanisti ci asfaltarono, ma il peggio per me e Martino doveva venire dopo. Ovviamente, la polizia non fece uscire subito gli atalantini. Noi cercammo di spiegare ai poliziotti che non dovevamo risalire sui pullman o prendere l'auto, ma che risiedevamo a Roma. Furono inflessibili. Uscimmo ben dopo mezzanotte, gli altri salirono sui bus e noi rimanemmo lì come due pirla. I taxi e i mezzi pubblici se ne erano già tutti andati e chi conosce la zona dell'Olimpico sa quanto possa essere remota e deserta a quell'ora. Ce ne tornammo verso la Salaria a piedi parlando pochissimo per evitare che l'accento ci mettesse nei guai.

Tornando a Diego Abatantuono, qualcuno ricorderà che cinque anni fa se ne uscì con la dichiarazione che smetteva di tifare Milan e avrebbe cominciato a tifare Atalanta. Lo chiamai subito e ovviamente confessò che si trattava di una *boutade*: quello che non sopportava era che il Milan fosse stato acquisito da un fondo finanziario. «Come si fa a tifare un fondo?» si lamentò. Però ammise che non solo l'Atalanta gli era e gli è simpatica, ma che ammirava quello che stavamo facendo con Gasperini. Allora comprai una sciarpa neroblu, ci feci ricamare sopra in color oro «Diego» e gliela mandai. Ho nel cassetto la foto di lui che la indossa, ma anche il divieto di mostrare detta foto in pubblico, pena la fine della nostra amicizia...

Il primo decennio del secolo è stato un continuo su e giù tra serie A e serie B. Il ricordo più vivido è legato a una retrocessione, quella del 2003 dopo lo spareggio con la Reggina. Avevamo pareggiato in Calabria, ed ero andato a Bergamo la sera del ritorno. La giornata era stata bella e calda, ma mentre mi avvicinavo allo stadio il cielo fu occupato da minacciosi nuvoloni. Puntuale, poco prima dell'inizio, sul Comunale si rovesciò un diluvio. Campo impraticabile, partita rinviata, noi fradici e tutti a casa. Me ne tornai a Torino sotto una beffarda e bellissima stellata, infastidito per la serata andata storta ma ottimista. Il giorno dopo vidi la partita in tv: perdemmo inspiegabilmente 2-1, gol decisivo a cinque minuti dalla fine. Mi ricordo che mi alzai torvo in volto, andai in cucina e cominciai a strappare decalcomanie e adesivi atalantini dal frigorifero. Quando mi voltai vidi mia figlia di sette anni piangere in silenzio: si era spaventata dalla faccia che avevo. Consolarla mi distolse dalla furia autolesionista.

Quella era l'Atalanta del primo Cristiano Doni, e su Doni val la pena soffermarsi. Quando tornò da noi nel 2006 si rivelò un leader e un portabandiera, mi ricordo che nelle vetrine c'era la sua foto con scritto «Doni sindaco». Poi nel 2011 successe quel che sappiamo e la nemesi ribaltò quel suo gesto caratteristico, col dito sotto il mento a significare «su la testa», in un capo chino a chiedere perdono. Il pasticciaccio del Calcioscommesse resta un fatto ancora nebuloso (il povero Signori è stato riabilitato solo l'anno scorso), ma ci spinse tutti a farci delle domande sul calcio. Non che prima fosse il giardino dell'Eden (basta pensare al caso di Paolo Rossi), ma questa volta ci colpiva in casa e faceva male. Io e Martino passammo un'intera notte a discuterne. La conclusione alla fine di quell'esame di coscienza? Che non c'era logica che tenesse. Il calcio moderno è un orribile guazzabuglio di interessi, ma è come mettere in discussione la vita stessa: può fare schifo, ma non puoi sottrarti. Riscatti lo schifo con la cieca passione del tifoso. Non a caso in Italia usiamo quel termine così diverso da «supporter», «fan» o «aficionado»: deriva direttamente da una malattia. Dal leggendario *Dizionario moderno* del Panzini (1935): «Per analogia, tifo è voce di gergo per fanatismo, passione obnubilante per lo sport, specie per il calcio». Ma la malattia, omeopaticamente, è anche la cura.

Nel 2010 inizia l'era di Antonio Percassi presidente e, sei anni dopo, quella di Gian Piero Gasperini come allenatore. Non starò a dilungarmi su questa meravigliosa stagione, che ancora stiamo vivendo, e che ci ha cambiato la vita e la visione del mondo. Dirò solo che, nonostante tutte le gioie che questi anni ci hanno regalato, c'è sempre in me una vena di malinconia. Perché proprio l'estate che Gasperini arrivò, nel 2016, Martino se ne andò per sempre, portato via da una patologia al fegato. Si sa come sono le visite in ospedale agli amici che hanno malattie gravi. Non si parla di quelle, si parla di cose quotidiane, di ciò che può far sembrare che tutto vada come sempre. L'ultima conversazione con lui fu proprio di quel tipo e naturalmente parlammo di Atalanta. «Ma Davide, cosa ne dici di questo Gasperini?» chiese lui. Io gli risposi che dei miei amici genoani ne parlavano bene. «Speriamo» commentò. Due giorni dopo si spegneva: non avrebbe visto nemmeno la prima partita di quel campionato, e tanto meno quello che sarebbe venuto dopo, fino all'incredibile conquista dell'Europa League – altro che la notte col Malines. D'altra parte, molti tifosi nerazzurri possono raccontare storie simili, di compagni di stadio che se ne sono andati prima di poter vedere il miracolo di questi anni: il padre, un fratello maggiore, lo zio, un amico, un'amica o una compagna. Sono quelli che con noi hanno visto la serie C e passato i momenti peggiori e a cui il destino ha negato di condividere la gioia. Ecco perché in curva nord, assieme ai classici striscioni di incitamento, ce ne sono un paio che ricordano quelli che non ci sono più. Così l'Atalanta diventa un collante emotivo capace di sfidare anche la morte. Lo so, l'affermazione può suonare provocatoria, per qualcuno blasfema. Ma solo per chi non ha mai tifato davvero.

Già, la curva nord. È lì che oggi si è chiuso il mio periplo dello stadio. Sto scrivendo il giorno dopo Atalanta-Arsenal (la squadra del già citato Nick Hornby, guarda caso...), una magnifica serata dove per la prima volta abbiamo giocato una partita di Champions nello stadio completamente rinnovato. Ed è proprio in curva che l'ho vista, dove sono finito grazie alla frequentazione dei due Andrea: Zambelli e Zanoli. Loro sono sia i direttori di fotografia e i cameramen dei miei documentari, sia due sfegatati curvaioli. Andrea Zambelli, in particolare, la frequenta da sempre e nel 2003 aveva già realizzato *Farebbero tutti silenzio*, un mediometraggio che è un formidabile ritratto dall'interno degli ultras neroblu (si trova in rete). La comune passione ci ha spesso spinto a impostare i calendari delle riprese su quello della Dea, talvolta combinando trasferte professionali e trasferte calcistiche. Finché tutto questo ci ha indotto a dare al nostro tifo una forma che soddisfacesse anche la nostra passione per il cinema. È così che l'anno scorso, dopo una lunga gestazione, è nato *A guardia di una fede*, un documentario lungometraggio che racconta venti anni di tifoseria ultras e in particolare l'inimitabile vita di Claudio Galimberti, l'indiscusso e daspatissimo capo della curva. Zambelli l'ha diretto, io e Zanoli l'abbiamo prodotto. Da un anno, dopo la première al festival di Torino, il film sta girando in maniera incredibile: non solo nella bergamasca e nelle città italiane dove sono attive tifoserie organizzate, non corrotte dalla deriva che hanno preso quelle dei grandi club; ma anche all'estero, dove uno non si immaginerebbe: in Grecia, Germania, Giappone... La storia della Dea è arrivata anche lì, ed è diversa da quella delle solite squadre: ha qualcosa di vero e spontaneo che la rende unica e speciale, sia per come la squadra gioca sia per il rapporto col suo popolo. Così adesso, nel momento in cui per l'età potrei sedermi comodamente sulle moderne tribune del Gewiss (altro che la vecchia gradinata...), sono finito in curva a saltare e cantare come un giovanotto. Anche se, a forza di stare in piedi, l'altra sera nell'intervallo mi sono venuti i crampi, offrendo un patetico spettacolo ai miei vicini, peraltro solidali e affettuosamente preoccupati.

Ma, vivendo a Torino, andare allo stadio è più un'eccezione che una regola. Perciò, mi sono organizzato a casa in modo da vivere la partita in tv senza ledere l'armonia famigliare e – contemporaneamente – dare sfogo a quella parte dell'antropologia del tifoso che Nick Hornby così descrive: «Pur non essendoci alcun dubbio sul fatto che il sesso sia un'attività molto più gratificante del guardare partite (nessuno zero a zero, nessuna trappola del fuorigioco, nessun dispiacere di coppa e sei al caldo), in condizioni normali non si generano sensazioni così intense come quelle che produce la vittoria di un campionato all'ultimo minuto».

Così, nel mio studio dove c'è la postazione di montaggio dei film, intorno allo schermo su cui vedo le partite, mi sono ricavato una sorta di altare atalantino la cui pala di pregio è la maglia indossata da Iličić a Valencia, quando segnò quattro reti nella famosa partita di Champions. Maglia autografata con dedica vinta a un'asta benefica pro Ospedale Papa Giovanni quando, ahimè, il Covid impazzava nella bergamasca. Le fanno ala un vecchio gagliardetto delle Brigate e il ritratto in neroblu di un cane pastore bergamasco (altro mio grande affetto). Disseminate per lo studio ci sono svariate sciarpe da utilizzare alla bisogna, mentre in un sottoscala c'è un muro intero di memorabilia, fatto di biglietti, foto, accrediti, altre sciarpe e bandane, nonché l'intera porta di accesso istoriata con figurine di calciatori nerazzurri. Dette figurine sono organizzate intorno a un'immagine chiave: una rielaborazione del celebre *Quarto stato* di Pellizza da Volpedo con Percassi, Gasperini, Petagna e il Papu Gómez che marciano con il popolo. L'avevano realizzata a Sky per un loro programma e riuscii a convincere gli amici che lavorano lì a mandarmene una copia. Purtroppo il telo mare con la Coppa dell'Europa League, recentemente acquistato per le vacanze, è incorso nelle ire della mia compagna (che di mestiere fa la scenografa, ed è quindi dotata di un naturale senso estetico). Mi ha vietato di esporlo per manifesta bruttezza. Per quanto obnubilato dalla passione, non ho potuto darle torto.

Le partite le vedo così, possibilmente con solo l'audio dello stadio al massimo, senza commento, in compagnia dei pastori bergamaschi di cui sopra, sacramentando in dialetto quando occorre e cantando i cori delle curve. E per quei novanta minuti non esiste altro. Quanto alla storia da cui siamo partiti, quella per cui volevo fare il portiere dell'Atalanta, be', in qualche modo il cerchio si è chiuso. L'anno scorso Neri Marcorè ha diretto il suo primo film, una storia di calcio amatoriale ambientata negli anni Sessanta, con protagonista il portiere di una squadra di scapoli nell'inevitabile sfida con gli ammogliati. Nonostante il mio stato civile mi veda ancora celibe alla soglia dei settanta, Neri mi ha messo in porta tra gli ammogliati – per amicizia e, mi auguro, anche per qualità specifiche. Ho accettato a patto che venisse prodotta una figurina Panini con me al posto di Pizzaballa. Chissà cosa ha pensato da lassù la mia mamma. Forse che, in fin dei conti, ha sempre avuto ragione lei.

Davide Ferrario (Casalmaggiore, 1956) è regista, sceneggiatore, produttore e romanziere. Esordisce alla regia con il lungometraggio *La fine della notte* (1989), ispirato a una vicenda di cronaca nera. Giunge al successo con il film *Tutti giù per terra* (1997), e con *Dopo mezzanotte* (2004), successo internazionale. Ha girato anche molti documentari, tra cui *La strada di Levi* (2006), *Piazza Garibaldi* (2011), e *Umberto Eco - La biblioteca del mondo* (2022). È co-produttore di *A Guardia di una fede* (diretto da Andrea Zambelli), dedicato al leader della Curva atalantina Claudio Galimberti, detto Bocia. Scrive per il *Corriere della Sera*.

Il primato della mia fede atalantina

di Nando Pagnoncelli
con Simone Bianco

Prendete una domenica di calcio e cominciate a togliere tutti i filtri del 2024. Togliete il filtro dello spezzatino di campionato, con le partite sparse su quattro giorni. Togliete il filtro delle pay tv che trasmettono ogni partita in diretta. Togliete il filtro dei cellulari, con i quali ci si informa in tempo reale su tutto, dalla terza guerra mondiale al campionato provinciale di boccette. Togliete anche le autoradio, che già sembrano qualcosa di vintage, ma qualche decennio fa erano optional non scontati. Cosa resta? Resta una domenica italiana degli anni Sessanta. In un pomeriggio di questi, senza anticipi, posticipi, senza gruppi WhatsApp né televisori nei bar, in una Bergamo in bianco e nero, procedeva l'auto della famiglia Pagnoncelli, papà, mamma, due bambini e due bambine. Da via Sabotino, dove viveva la nonna, verso casa, in viale Giulio Cesare. In quel chilometro scarso di strada, in cui non poteva succedere praticamente niente, il piccolo Nando sul sedile posteriore sentiva salire l'attesa, la suspense. Lui, il papà e il fratello minore avevano un appuntamento decisivo in via Verdi. Da una finestra lungo la strada, in caso di vittoria dell'Atalanta, puntualmente sarebbe comparsa una bandiera nerazzurra. In caso di sconfitta, niente bandiera.

Quella bandiera era il modo di festeggiare di un atalantino che viveva lì. Ma era anche un segreto e fuggevole incontro a distanza tra atalantini, un mandare segnali di fumo nerazzurri ad altri tifosi, una celebrazione discreta ma pubblica, silenziosa ma capace di scatenare grida di gioia dentro quell'auto. Sono passati quasi sessant'anni, ma quel ricordo porta a galla un sorriso sul volto di Nando Pagnoncelli. «Quei pochi metri in auto» racconta «erano come il sabato del villaggio per noi. La domenica spesso facevamo gite in montagna, che si concludevano con la tappa dalla nonna. Tornando a casa però quello che aspettavamo di sapere era se ci fosse quella bandiera affacciata alla finestra o meno.»

Funziona così, ogni tifoso lo sa: il risultato finale della tua squadra può provocare – a seconda dei casi – una veloce fitta di piacere, un amaro difficile da smaltire, soprattutto a poche ore dal lunedì mattina, oppure quell'indistinto senso di grigio dovuto a un pareggio che rinvia tutto di una settimana. Da bambini poi è tutto meglio, o peggio, dipende sempre dal risultato. Ma, almeno un po' vale anche per gli adulti, persino per gli adulti misurati come Nando Pagnoncelli. «Mica solo io sono così» dice. «Prendi don Sergio Colombo, parroco di Redona, che è stato una figura molto importante per me. Lui me lo diceva sempre: "Quando l'Atalanta perde, io cambio umore".»

La macchina del papà con il piccolo Nando a bordo, nella memoria, corre verso casa, a due passi dallo stadio, dove la famiglia Pagnoncelli ha abitato a lungo. Ma non si ferma lì, passa attraverso decenni di partite viste al Comunale prima e al Gewiss poi, gol presi e segnati ascoltati alla radio, immagini nebbiose nelle sintesi di *90° Minuto*, telefonini spiati a margine di un impegno di lavoro per vedere com'è finita una sfida europea.

Una strada lunga, che – dopo l'ultima curva – il 22 maggio 2024 sbuca dritta sugli spalti dello stadio di Dublino. Sotto, a pochi metri, c'è l'Atalanta che festeggia la vittoria dell'Europa League, la coppa fa il giro di campo sotto gli occhi di ottomila atalantini, tra cui Nando Pagnoncelli e gli amici di sempre che con lui hanno assistito alla finale. «Siamo partiti la mattina e tornati la notte stessa» racconta. «Ero con alcuni dei miei amici, con cui da anni ormai prendiamo l'abbonamento vicini in Tribuna Rinascimento: Gigi Petteni, Giancarlo Bassi e Fabio Bombardieri, oltre a diversi altri abbonati che conosciamo. Ed ero seduto a fianco di Giorgio Gori (ci conosciamo dai tempi del liceo Sarpi) che era a Dublino con suo figlio Alessandro.» Una giornata veloce, densissima, con un finale epico, i gol di Lookman e Bergamo impazzita. La sensazione di aver vissuto uno di quei rari momenti magici, in cui tutto comincia bene e finisce bene. Dublino messa a festa per la finale, un idillio tra tifoserie avversarie che convivono tranquillamente in attesa della partita. Poi entri in uno stadio pienissimo e Lookman fa tre gol uno più bello dell'altro. E, alla fine, ti danno anche una coppa.

«Durante la giornata abbiamo girato per la città. Ci ero già stato, a Dublino, e non mi aveva impressionato particolarmente. Ma questa volta mi ha colpito davvero lo spirito accogliente, prima e dopo la partita. Bandiere alle finestre tutto il giorno, poi una volta usciti dallo stadio i poliziotti irlandesi ti dicevano: "Congratulazioni, Atalanta".»

Una sensazione di ospitalità, non così frequente quando si va in trasferta, che ha controbilanciato quei disagi nell'organizzazione dei voli, per tanti bergamaschi impossibili da trovare.

«La finale si sapeva da tempo che ci sarebbe stata, eppure c'è stata quella difficoltà, anche per la componente ambientalista del governo irlandese che non voleva aumentare i voli.» C'è gente che a Dublino ci sarebbe andata anche a piedi e ha fatto giri incredibili, passando da aeroporti e stazioni ferroviarie di mezza Europa per arrivare alla città della finale. Ma, una volta lì, i dublinesi hanno trasformato una grande occasione sportiva in una enorme festa popolare. «Anche con i tifosi del Leverkusen ci si incontrava, ci si salutava senza nessun problema. È stata tutta una vera festa» conferma Pagnoncelli.

Il destino ha messo carte piuttosto favorevoli sul tavolo: i tedeschi dopo centovent'anni di storia sono riusciti a vincere la loro prima Bundesliga un mese prima della finale. Una squadra fortissima, il Leverkusen, imbattuta per tutta la stagione, ma forse arrivata a Dublino con la ferocia agonistica leggermente intaccata, quel tanto che è bastato per consentire a un'affamatissima Atalanta di giocare alla grande e, alla fine, vincere. «C'era tensione, all'inizio» dice Pagnoncelli «ma abbiamo segnato subito e, soprattutto, abbiamo continuato ad attaccare. Lì ho capito che poteva succedere qualcosa di davvero importante.»

Dublino, il vertice sportivo della storia atalantina, il diamante della corona. Venuta dopo altri momenti gloriosi e impressionanti per qualità calcistica. Per esempio il 3-0 di Liverpool. «Quella sera ero impegnato in una riunione online con la presidenza del Comitato nazionale del cammino sinodale di cui faccio parte» racconta Pagnoncelli. «L'ho detto anche ai quattro vescovi presenti: per essere qui ho rinunciato alla mia vera fede.» Umorismo che attecchisce tra i non pochi prelati tifosi. Quella sera l'Atalanta gioca forse la sua partita migliore, per nulla impressionata dalla voce di Anfield, e getta le basi, anche in termini di convinzione, per arrivare fino in fondo all'Europa League.

Liverpool, Dublino. Ma se si chiede a tanti bergamaschi di indicare qual è il momento che ha caratterizzato questi anni gasperiniani la risposta spesso è Atalanta-Valencia. È il 19 febbraio 2020, l'enorme onda del Covid sta per sommergere la Bergamasca, ma è ancora invisibile. A San Siro per gli ottavi di Champions calano quarantacinquemila bergamaschi. Uno su cinque poi dichiarerà di aver avuto in seguito a quella serata sintomi da coronavirus, molti altri presumibilmente l'hanno diffuso da asintomatici. Ma in quel momento non ci pensa ancora nessuno: sul campo va in scena un incredibile 4-1. Due settimane dopo, quando Bergamo è sbarrata in casa e fatica a respirare, da Valencia arrivano le immagini del capolavoro di Josip Iličić, quattro gol capaci per un paio d'ore di far andare in secondo piano la disperazione per la pandemia. «Quelle due partite non le scorderò mai, anche perché era un momento molto particolare» dice Pagnoncelli. «All'andata ero a San Siro, al ritorno ho visto un Iličić strepitoso.»

Quattro anni dopo, di quell'Atalanta resta pochissimo: Gómez, Iličić, Muriel, Zapata, Gosens sono andati via. Lo stesso Gasp in qualche occasione ha detto che quella squadra del 2020 era forse la più forte. «Nel 2019 una sera mi trovavo a Serralunga d'Alba in provincia di Cuneo per presentare il mio ultimo libro, ospite della Fondazione di Oscar Farinetti. Andammo a cena, l'Atalanta stava vincendo 3-0 a Torino. Il nipote di Farinetti, tifosissimo del Toro, disse: "Se va avanti così finisce 7-0". Io dissi: "Se finisce 7-0 ti assumiamo in Ipsos".» La previsione fu azzeccata al millimetro, succede ogni tanto alle chiacchiere tra tifosi. «Il nipote di Farinetti poi non lo assumemmo, era minorenne.» Ma era anche il segno della considerazione di cui godeva quella squadra, offensivamente capace di tutto, basti pensare al memorabile gol da metà campo di Iličić. Il calcio poi cambia rapidamente, a Bergamo nell'ultima fase a velocità doppia. «E un po' di delusione c'è stata, negli ultimi due-tre anni, perché si gioca un calcio un po' meno spettacolare, più attento. Poi però...» Poi però è arrivata la Coppa.

Anni speciali, di cui si ricordano anche le sconfitte. Quella emblematica resta il 7-1 subito a San Siro a marzo 2017, nel primo anno di Gasperini a Bergamo, che si concluderà con una grande festa per la qualificazione all'Europa League. «Di quella sconfitta» dice Pagnoncelli «ricordo soprattutto il fatto che poi la squadra venne accolta dai tifosi a Zingonia con applausi e cori. Ecco, questo è un aspetto che secondo me caratterizza il tifo atalantino, fatto di identità. Lo stesso è successo per esempio a Roma, nel 2019, quando abbiamo perso la finale di Coppa Italia con la Lazio. Ero molto deluso per il risultato, ma molto felice per la reazione dei tifosi che applaudirono la squadra anche in quel caso.» Un legame raro nel calcio attuale. «C'è una sorta di simbiosi tra il territorio e la squadra. E non so dire bene da cosa dipenda, nel senso che abbiamo sempre avuto un forte ricambio di giocatori. È stato sempre Davide contro Golia, la provinciale contro le big. Ma orgogliosamente provinciale, con un modello che arriva da lontano e che Percassi ha portato avanti: investire sul vivaio, vendendo alcuni dei pezzi più pregiati, mantenendo i conti in ordine.» Sullo sfondo della storia atalantina, c'è quella di una provincia che è passata dall'avere tassi di emigrazione altissimi a una ricchezza diffusa, con il lavoro però stabilmente al centro dei valori. «È quasi un dato antropologico e l'Atalanta è sempre stata in grado di incarnarlo. Così come l'*understatement* tipico dei bergamaschi. Non significa che uno non abbia sogni, ma che per esempio ci sia misura anche nel festeggiare. Se si vince, si festeggia, ma il giorno dopo si va a lavorare.» Di nuovo, il Covid ha evidenziato queste caratteristiche: «Credo sia emerso anche da come quella squadra abbia sentito la gravità del momento, tanti giocatori durante la prima ondata di Covid restarono a Bergamo anziché tornare nel proprio Paese». Uno scambio costante tra squadra e ambiente. Un legame che ci si porta dietro anche quando si è lontani dalla città per lavoro. «Ricordo partite seguite da Pechino o da Lima» dice Pagnoncelli. E nei momenti in cui c'è tutt'altro da fare. Basti pensare come la cavalcata atalantina nella primavera 2024 abbia avuto una corsa parallela a quella della campagna elettorale, che per chi fa il sondaggista è come giocare la Champions League.

La nascita del tifo è poi, sì, questione di ambiente e di appartenenza a un territorio, ma è anche sempre una storia personale. Nando Pagnoncelli, prima di diventare un professionista nell'indagare l'opinione degli italiani, «il» sondaggista per eccellenza, è stato un bambino bergamasco che viveva proprio lì, a due passi dal suo sogno. «Dal 1959 al 1969 abbiamo abitato nel palazzo di fronte alla curva sud, all'angolo del semaforo. Poi, ci siamo trasferiti in un'altra casa, sempre in viale Giulio Cesare, a centocinquanta metri da lì, dove ho vissuto fino al 1986, l'anno in cui mi sono sposato. Il rumore dello stadio è sempre stato un rumore familiare per me.» La casa dell'infanzia di Nando è ancora lì, al piano terra c'è il gelataio. Per i tifosi che arrivano a piedi dal centro, quel semaforo è la porta monumentale del nuovo Gewiss, anche oggi che ha un nuovo piazzale. Per decenni lì c'è stato un brutto parcheggio asfaltato, ma negli anni Sessanta era un prato, un pezzo di quartiere momentaneamente risparmiato dall'inondazione edilizia.

«Noi lo chiamavamo il campetto. Con gli amici andavamo a giocare lì, dai sei-sette anni fino all'età delle medie, insieme a mio fratello che ha due anni in meno e con gli amici del quartiere. Mettevamo i maglioncini sull'erba per fare i pali delle due porte. Ci andavamo di pomeriggio. D'estate anche dopo cena e a volte giocava qualche papà con noi.» Dai quarant'anni in su, ognuno ha avuto il proprio campetto. Era un prato o un cortile – nei casi migliori con delle vere porte – in cui ha esercitato i propri sogni calcistici da bambino. Se un posto così ce l'hai a due metri dallo stadio della tua squadra del cuore, cambia tutto. L'Atalanta all'epoca si allenava all'interno dello stadio, l'astronave di Zingonia con il suo centro sportivo d'avanguardia non esisteva ancora. Nando, il fratello più piccolo e gli altri bambini giocavano tra le buche e l'erba di altezza variabile a seconda della stagione. Dai pilastri in calcestruzzo del Comunale filtravano i rumori delle pallonate e le voci dei giocatori nerazzurri. «Puoi immaginare che cos'era per un bambino» il ricordo gli spalanca gli occhi «vedere i campioni della propria squadra uscire dallo stadio e, talora, fermarsi a giocare con noi. Restavano qualche minuto e tiravano giusto quattro calci al pallone, ma quando sei un bambino una cosa del genere è bellissima. Adesso, ditemi come avrei potuto tifare per una squadra diversa dall'Atalanta.» Piccoli cristalli di memoria, dettagli che funzionano come una macchina del tempo. «Mi ricordo, e non so perché ricordo proprio questa cosa» racconta Pagnoncelli «che fuori dallo stadio un giocatore subì un insulto da uno che passò con una macchina, lui stava mangiando una mela e la tirò contro l'auto. Non sono sicuro, ma forse era Danova. Ci intrufolavamo a volte a spiare gli allenamenti nello stadio: mi ricordo di Dell'Angelo, un numero 10, che diventava rossissimo in faccia quando correva.» La metà degli anni Sessanta, i nomi sono quelli: Danova, Cometti, Anquilletti, Hitchens, Pelagalli. Suonano diversi da quelli dei calciatori di oggi. «Soprattutto, penso alla differenza tra i giocatori di oggi, che fanno i personaggi a favore di Instagram, e quelli di allora, che si fermavano a giocare con noi. È tutt'altra stagione, ovviamente, ma la differenza la sento.» La curva sud, ultimo lato dello stadio a essere ricostruito, oggi è anticipata da un piazzale in colori chiari, alberelli, un fondale spettacolare nei giorni delle partite, con la folla che entra ed esce. È quasi incredibile pensare che in un luogo così ordinatamente anestetizzato qualcuno, guardando i piastroni bianchi del piazzale, possa riconoscere l'epicentro della propria passione calcistica, la fonte di ogni nostalgia, che è parte decisiva nel tifo.

Allo stadio si entra, poi, la domenica. Le prime volte, per il piccolo Nando, già a cinque-sei anni. Era un altro mondo, un altro calcio, un altro stadio. Non il gioiello tecnologico di oggi, con la visibilità spettacolare che offre il nuovo Gewiss, ma l'anellone in calcestruzzo con le curve ben distanti dal campo. «Ogni adulto poteva portarsi gratuitamente un bambino allo stadio» ricorda Pagnoncelli. «Mio padre, che era tifosissimo dell'Atalanta, era amico del commendator Clemente Mayer, ex commissario dell'Atalanta e proprietario della tipografia che stampava i libri della casa editrice Minerva Italica, di cui papà era direttore tecnico. Così ogni domenica, quando la partita era in casa, si andava allo stadio: mio fratello con mio papà, che aveva l'abbonamento, io "a carico" del commendator Mayer.» L'infanzia e l'adolescenza costruiscono una passione che alla radice resterà sempre la stessa.

Poi le stagioni della vita cambiano. C'è la famiglia e

Pagnoncelli ha una carriera molto veloce, parallela alla crescita esponenziale dell'importanza dei sondaggi nella lettura della società, dell'economia e della politica. Sono gli anni Ottanta, Pagnoncelli nel volgere di pochi anni si ritrova a capo di Ipsos Italia, parte di un grande gruppo internazionale con base a Parigi. «Sono sempre andato allo stadio» racconta «ma ho avuto una pausa anche abbastanza lunga. Era il periodo in cui ero molto concentrato sul lavoro, mi sono fidanzato e poi sposato, sono arrivati i figli. La testa sull'Atalanta c'era sempre, ma allo stadio andavo meno.» Per esempio quando si giocò Atalanta-Malines, semifinale di Coppa delle Coppe nel 1988, Pagnoncelli era impegnato altrove: «Quando mia figlia era molto piccola, non potevo andare a vedere tutta la partita, ma a un quarto d'ora dalla fine aprivano i cancelli ed entravo con lei in spalla a vedere gli ultimi minuti». Giusto per respirare l'atmosfera e, nei casi più fortunati, vedere l'Atalanta vincere in volata.

Più rare le incursioni in trasferta, da bambino. Per Pagnoncelli ce n'è una che resta nella memoria più di altre, e non è un bel ricordo. «L'unica volta che il papà ci portò a San Siro» rammenta «fu a vedere Milan-Atalanta, che finì 9-3.» Era l'ottobre 1972, a fine gara Nereo Rocco quasi si dispiacque per la pesantezza del risultato, tra i rossoneri tripletta di Prati e doppietta di Rivera, nell'Atalanta il portiere era Pianta, l'allenatore Giulio Corsini. «Mio fratello aveva forse sette anni e ricordo che pianse da San Siro fino a casa. Penso resti la nostra peggior sconfitta in serie A. Il mio rapporto con il Milan è stato sicuramente segnato da quella partita.» Non è l'unica, poi vedremo. Quella goleada subita ebbe un'appendice di quelle pennellate dal destino: «Anni dopo, mio padre venne operato al menisco all'ospedale Matteo Rota di Bergamo e si ritrovò Pierino Prati come compagno di stanza. Non perse occasione per chiedergli perché il Milan avesse dovuto umiliarci in quella partita».

Aprire la porta della nostalgia, per ogni tifoso che abbia vissuto l'era del calcio pre pay tv, conduce in un sacrario abitato da ricordi molto personali, ma costringe anche a misurarsi con il tempo che cambia. Procuratori che spostano giocatori come pedine, acquisti di calciomercato condizionati dal numero di follower sui social, la nuova Super Champions a girone unico con partite a perdifiato ogni tre giorni. Il calcio oggi è diventato (anche) questo. Ma è stato (anche) qualcosa di molto diverso, un patrimonio che rimane, dentro chi ha amato quell'epoca. «Io, per esempio, ho grande nostalgia dei giocatori che decidono di restare in una squadra per tutta la carriera» ammette Pagnoncelli. «Mi è dispiaciuto tantissimo quando abbiamo venduto Zapata, Freuler, Gosens. Solo per parlare degli ultimi. Li consideravo parte di un progetto. Non esistono più i Gigi Riva del Cagliari o i Totti della Roma, i Rivera, i Mazzola. Quella stagione a me piaceva. Qualcosa si è perso, e non vale solo per l'Atalanta. Negli ultimi anni non riesco a tifare come un tempo per la Nazionale. Mi succede da quando ci sono giocatori che mi stanno antipatici per gli atteggiamenti che hanno tenuto. Non mi sento rappresentato da questi calciatori. È un discorso di valori, lo so che rischia di sconfinare nel moralismo. Parlo di correttezza e di giustizia sportiva. Per me sono gli elementi costitutivi del tifo. E vale anche per i nostri, di tifosi. Quando allo stadio vedo tifosi atalantini tenere un certo comportamento, insulti, atteggiamenti razzisti, non lo tollero. E poco mi importa che sia in reazione a provocazioni dei tifosi avversari. La passione calcistica non giustifica tutto.»

Chi guarda da lontano il tifo atalantino, il tifo bergamasco – ed è per lo più giusto sovrapporre l'uno all'altro – può essere tratto in inganno dall'idea di avere davanti una massa indistinta. Appassionata, generosa, unica per senso identitario. Ma anche, talvolta, poco ospitale con le altre tifoserie (un eufemismo, se si tratta di sostenitori di Juventus, Napoli, Fiorentina, Roma, Verona, milanesi... la lista è veramente lunga). Il calore sugli spalti può tramutarsi in aggressività, non solo in curva. Ma la cosa veramente interessante del tifo è che è molto più complesso di come lo rappresenta chi non lo sente o non l'ha mai visto da vicino. La violenza, i buuu razzisti, è tutto vero. Ma è anche tutto falso. Gli stadi – e i divani di casa davanti alle tv – sono pieni di gente razionale, posata, professionisti con ampiezza mentale e profondità culturale, persone che al fischio di inizio entrano in guerra per la propria squadra. Ma non per questo insultano, minacciano, umiliano gli avversari. Anzi, quando i propri compagni di tifo si lasciano andare a questa roba, sentono la festa rovinata. Pagnoncelli, ovviamente, è proprio così.

«Non è questione di fare i fighetti, né di bon ton» spiega. «A me dà proprio fastidio quando noi urliamo contro i tifosi avversari. Mi dà veramente fastidio. E mi dispiace di più se si tratta di persone con cui condivido il tifo. Mi ricordo una partita con il Benevento, qualche anno fa, era gennaio ma in pratica loro erano già retrocessi. Un freddo bestiale, trenta-quaranta tifosi del Benevento fanno cori autoironici dicendo: "Vinceremo il tricolore". E tutta la curva dell'Atalanta grida: "Terroni, serie B". Ma perché? È una cosa che mi fa arrabbiare.» Si può essere tifosi, molto tifosi, anche così, rigettando i mali della tua stessa tifoseria. Figuriamoci quando sfocia nella violenza. «Avendo vissuto a pochi metri dal Comunale, ne ho viste di tutti i colori, lungo gli anni» ricorda Pagnoncelli. Lo stadio come zona franca per chi picchia o tira sassi e bottiglie. «Mi è rimasta impressa l'immagine di un ultras dell'Atalanta che si mette a pochi centimetri dalla faccia di un carabiniere e lo insulta, gridando. Proviamo ad andare nella vita di tutti i giorni per strada, incrociare un carabiniere e insultarlo. Ti prende e ti porta via.» Una non cultura di cui fa parte il divieto non scritto di festeggiare altre squadre per strada a Bergamo, gli juventini cinghiati per aver celebrato lo scudetto, gli interisti sprangati per la Champions. Chiaramente non è un male solo bergamasco, la città più volte si è trasformata in territorio di invasioni barbariche. «Mi ricordo parecchi anni fa, era un periodo in cui non andavo spesso allo stadio» racconta Pagnoncelli. «Era appena nata mia figlia, nel 1990, e io stavo passeggiando con la carrozzina in zona Valtesse, dove abitavo. Passa un pullman con tifosi romanisti che mi insultano, sputano. Davvero, mi sono voltato pensando ci fossero tifosi atalantini lì vicino: ero l'unico sul marciapiede, invece.»

Al di là dei singoli episodi di violenza fisica e verbale che hanno slabbrato i bordi del calcio italiano in questi decenni, quello che nella mente di tanti come Nando

Pagnoncelli è intollerabile – a Bergamo, in Italia – è l'idea che lo stadio sia una zona franca. E che tutto il mondo del calcio sia una zona franca. Ci sono i tifosi che insultano, spaccano, menano, poi ci sono le società che accumulano debiti e tirano dritto senza pagarne le conseguenze. Negli ultimi anni, quelli dei Percassi e di Gasperini, proprio perché i risultati sportivi sono stati tanto brillanti, il senso di iniquità viene percepito sempre più forte dai tifosi dell'Atalanta.

Nonostante la sua abitudine ad avere a che fare con i centri del potere e della politica, quando si parla di calcio il gene popolare e antisistema dell'atalantinità in Nando Pagnoncelli prevale. Si tratta di una molecola modellata da fattori diversi e complessi: l'identità tra squadra e città (città che a sua volta è il nucleo di una cellula ben più ampia, tutta la Bergamasca dalla Val di Scalve alla pianura che è quasi periferia di Milano), la sinusoidale dei risultati – il saliscendi tra serie A e serie B, abituale dalle origini della società e terminato solo in era Percassi – sorpassata dalla retta in costante crescita dell'attaccamento ai colori, il provincialismo come valore, il gusto intimo di essere *underdogs*. Felici di esserlo, fino al punto di rivendicarlo quando si arriva a vincere un trofeo europeo. D'altra parte, è innegabile che il valore dell'Europa League conquistata dall'Atalanta sia raddoppiato proprio dalla sua storia di piccola squadra diventata grande, gradualmente. Senza fare passi più lunghi della gamba. Crescendo in consapevolezza, fino ad aggiungere alle classiche rivalità di tifo dovute a fatti di campo – o a fattacci incresciosi fuori dal campo – ostilità legate a vicende societarie, finanziarie persino.

Basti pensare che se oggi c'è un nome che fa salire il sangue agli occhi del tifoso atalantino non è un calciatore avversario, ma è l'ex presidente di una squadra (per la verità da sempre detestata). Per quanto analitico e misurato anche nelle antipatie, Pagnoncelli stesso sente come una ferita le dichiarazioni di qualche anno fa di Andrea Agnelli, che si chiedeva in pratica perché una squadra come l'Atalanta dovesse essere in Champions League. «Il Marchese del Grillo a me non è mai piaciuto. La Juve nei suoi anni di presidenza ha fatto quello che ha fatto con una larghezza di mezzi e una disinvoltura nell'utilizzo del denaro che l'Atalanta non si è mai potuta permettere.» La vittoria di Dublino è una rivincita anche contro le élite del calcio, che del calcio si sentono padrone. L'Atalanta piratesca che costruisce un mattone alla volta, vendendo un campione alla volta e scoprendone altri due, da vendere poi l'anno dopo, fino a vincere un trofeo continentale dà soddisfazione doppia. «Sì, poi magari la vendita di un giocatore come Højlund è l'antitesi di questo discorso.» Il centravanti danese dopo un solo anno in nerazzurro ha fruttato all'Atalanta settantacinque milioni di euro con la cessione al Manchester United, soldi subito spesi sul mercato per costruire la squadra che in effetti ha poi vinto a Dublino. «Mi è spiaciuto vederlo andare via, ma per esempio non quanto Zapata cui, come dicevo, mi ero affezionato. Perché in effetti capivo che c'era dietro una logica speculativa, necessaria per fare altri investimenti sulla rosa.»

Contraddizioni che percorrono tutta la storia atalantina di questi anni. Sentirsi la provinciale per eccellenza, conservatori – il calcio a uomo del Gasp e l'appartenenza territoriale del tifo –, ma innovativi, convinti antimodernisti amanti del «calcio di una volta», la minestrina della nonna elevata a inno da stadio e poi dovere tutta la propria felicità sportiva alla famiglia Percassi, che ha fatto fortuna sui centri commerciali aperti soprattutto la domenica. Qui la voce del Pagnoncelli osservatore è mediata da quella del tifoso: «Diciamo che il calcio si è evoluto intrecciandosi con l'aumento della complessità delle dinamiche economiche e sociali, sfruttandone alcune. È cambiato il mondo, perché non dovrebbe cambiare il calcio? E l'Atalanta di questi anni è stata brava a inserirsi in questi meccanismi».

Dalla balconata di Bergamo, che guarda stabilmente verso l'Europa, ci si affaccia su un panorama calcistico completamente cambiato e ancora in evoluzione. «La globalizzazione dei tifosi» dice Pagnoncelli «la mediatizzazione fortissima del calcio, con la creazione di personaggi fa sì che un bambino oggi possa tifare per una tal squadra solo perché gli piace quel tal giocatore.» I processi esplosi oggi con i social prendono avvio oltre vent'anni fa, quando le pay tv cominciarono a riscrivere gli equilibri del calcio: dal punto di vista economico ma anche organizzativo, per esempio dettando nuove cadenze per i calendari delle partite. Temi sui quali, da studioso dell'opinione degli italiani, Pagnoncelli lavora non da oggi. «Quando fu adottata nel 2008 la riforma Melandri che assegnava una parte dei diritti televisivi in base al bacino dei tifosi» racconta il presidente di Ipsos Italia «fu istituita una gara d'appalto per scegliere chi doveva sondare il tifo italiano. Prima di fare un'offerta, io interpellai alcune società di calcio per chiedere loro: "Voi cosa intendete per tifoso?". Un conto è il tifoso, un conto è il simpatizzante. Il tifoso è chi va allo stadio o chi segue anche da lontano? Poi c'è il multitifo, in tante realtà locali, dove si supporta la squadra della propria città ma anche una big. E poi, da che età partiamo? Più abbassi l'età e più il tifo è volatile. Oggi lo vediamo con più chiarezza: se Mbappé cambia squadra, il ragazzino delle medie che fino a ieri tifava Paris Saint-Germain passa al Real Madrid. Il calcio moderno deve tener conto di tutti questi cambiamenti. Anche nella definizione del bacino televisivo, che è molto importante dal punto di vista delle risorse per le società, bisogna essere consapevoli di tutte queste dinamiche.»

Il calcio nell'ultimo secolo è stato una via d'accesso per cercare di capire meglio la società italiana – ovviamente è valido anche il percorso opposto –, ma proprio per tutte le complessità che assorbe è una materia di studio molto difficile. «Serve un approccio molto laico» dice Pagnoncelli. «C'è, sì, un atteggiamento nostalgico da parte della mia generazione, diciamo i boomer, ma non si rinuncia a seguire il calcio di oggi. Un classico tema che divide l'opinione a seconda della generazione d'appartenenza è l'utilizzo del Var. Chi è meno giovane lo considera spesso assurdo come strumento, perché tanto alla fine la decisione rischia di essere arbitraria. Mentre c'è chi dice: esiste, usiamolo. E non sono solo ragazzi. Gigi Riva, che è mio compagno di liceo, in un articolo di qualche tempo fa sul *Corriere Bergamo* proponeva di fare come nel tennis, nel volley o nel basket americano, dove agli allenatori sono concesse due chiamate al Var a partita per valutare episodi contestati.»

A Bergamo non è certo l'anno giusto per parlare di

passioni appannate e di un pallone smitizzato, l'entusiasmo è ai massimi storici. Ma anche dove si vince meno, il calcio resta lo sport più popolare. Da qui derivano i soldi, tanti, tantissimi soldi che richiedono studi il più possibile approfonditi prima di essere spesi in investimenti e sponsorizzazioni. «Da più di vent'anni» spiega Pagnoncelli «con Ipsos facciamo una ricerca per valutare l'impatto delle sponsorizzazioni, insieme a StageUp, una società italiana leader nel marketing sportivo. Poi stiliamo la Top Fan, cioè la classifica delle squadre, mettiamo insieme insomma il lato dell'utenza sportiva con quello delle aziende. Si fa anche su altri sport o su grandi eventi, come le Olimpiadi.» Scorrono a decine i loghi di aziende sui cartelloni pubblicitari elettronici a bordo campo. Le maglie di squadre vincenti come l'Atalanta si riempiono di marchi di sponsor che pagano somme importanti per accaparrarsi lo spazio su una manica. I prezzi dei biglietti aumentano costantemente fino a raggiungere livelli imbarazzanti, ma gli stadi sono pieni. Il calcio tira, vale tantissimi soldi anche se mostra rughe e tratti crepuscolari. La ritualità che aveva eletto il pallone a religione laica è messa in discussione. «Non abbiamo fatto studi specifici su questo punto, ma negli stessi termini Luca di Montezemolo, da presidente della Ferrari, una quindicina di anni fa ci aveva commissionato uno studio sulla Formula 1 e sulla perdita di appeal che stava subendo. Anche lì c'era un discorso di abitudini del pubblico e di ritualità domenicali che non funzionavano più. Non a caso poi per rilanciare la Formula 1 sono state introdotte importanti novità nelle regole stesse. La preoccupazione in quella fase era per la forte contrazione di un interesse, che poi porta anche a una riduzione degli investimenti pubblicitari. Il calcio è nella stessa dinamica. Oggi è all'apice anche delle risorse economiche, ma non può ritenersi al riparo da quei cambiamenti di tipo qualitativo e quantitativo da parte del pubblico.»

Le risposte, nel caso della Formula 1, si sono viste. Dalle regole sulle gomme a quelle sui motori, fino all'innovazione della Sprint Race e dei punti in classifica per il giro veloce. Correttivi efficaci, almeno in parte, per rilanciare l'interesse verso questo sport e – bisogna dire così – verso il prodotto televisivo, anche agli occhi degli sponsor. Solo che il calcio sembra più resistente a questo tipo di modifiche. In fondo, il gioco è quello da due secoli, le novità sono sempre state introdotte con grande gradualità e cautela, senza Covid non avremmo la regola dei cinque cambi, il Var è stato praticamente imposto dalla realtà esterna al campo, con le moviole in tempo reale che rimbalzavano sui telefoni degli staff in panchina. Ma se si parla di sperimentare il tempo effettivo oppure i cambi liberi (idee mutuabili dal basket, per esempio), restano tutte ipotesi al momento lontane. Questo perché la ritualità resta un aspetto fondamentale per molti tifosi di calcio. «Nel 2016, nell'ambito del corso di comunicazione politica diretto dal sociologo Ilvo Diamanti e da me all'Università di Urbino, organizzammo un convegno incentrato sul rapporto tra calcio e politica, messi uno di fronte all'altra. Diamanti sostiene da tempo che l'unica vera religione è il calcio, perché affratella, perché tiene uniti e ha un nucleo valoriale condiviso. È probabile che sia così, anche se credo che il nucleo valoriale cambi da squadra a squadra e in base al territorio di provenienza.»

Politica e calcio sono due mondi che, in Italia, si somigliano proprio perché i rispettivi protagonisti danno spesso la sensazione di vivere in una zona franca. Ma c'è di più, ci sono due immaginari che si influenzano a vicenda. E questo in maniera molto vistosa dalla comparsa sulla scena di un personaggio chiave per la storia italiana degli ultimi cinquant'anni. «Si determina una nuova prossimità nel momento in cui Silvio Berlusconi acquista il Milan» dice Pagnoncelli. «Essere presidente di quella squadra fa di lui l'emblema del personaggio di successo, una figura che va ben al di là di quella del semplice imprenditore.» Una contiguità e una sinergia che accompagna tutto il percorso di Berlusconi anche dopo la discesa in campo. «Nel 2013 ci sono le elezioni politiche, il Milan acquista Mario Balotelli, i giornali si scatenano chiedendo a noi sondaggisti quale sia in termini elettorali l'impatto di questa operazione di calciomercato. Io ovviamente mi rifiuto, poi ci sono sempre colleghi molto più bravi di me che ti danno la stima con i decimali...» Risposta scientificamente impossibile da dare, secondo Pagnoncelli, ma quello che conta è che nella lettura della politica italiana ci si faccia «quella» domanda: quanto pesa il calcio nell'umore del tifoso-elettore? «Be', ma gli stessi esponenti politici, istituzionali amano essere vicini al mondo dello sport, che è molto popolare e trasversale. E quindi c'è la convinzione che questa vicinanza porti un incremento di gradimento e di consenso. Vale per tutti gli sport, a maggior ragione per il calcio, che è il più popolare di tutti.»

Poi ci sono le passioni individuali dei singoli politici-tifosi, che attraversano la strada grigia della politica romana e locale. Oltre a chi scopre all'ultimo momento una vocazione da stadio, in occasione di grandi vittorie: «Niente di nuovo, saltare sul carro del vincitore fa parte del lavoro di politico». A volte capita che non ci si possa proprio sottrarre all'onda del tifo intorno a sé, anche quando è quello per un'altra squadra. Vedi il caso di Walter Veltroni, notoriamente juventino, che nel 2001 appena eletto sindaco di Roma si trovò a officiare le mastodontiche celebrazioni per lo scudetto dei giallorossi.

La politica verso il calcio ha un occhio innamorato e un po' invidioso, per la popolarità estesa e la passione profonda che sa generare, di lunga durata. Fattori oggi complicati da conseguire (e far durare) per chi governa il Paese. «D'altra parte, ci sono politici che mi prendono in giro: "Nando, quando parli dell'Atalanta non capisci più niente". Forse anche perché, per la neutralità che ha sempre rappresentato una regola ferrea che mi sono imposto nel fare il mio lavoro, il tifo calcistico è l'unica cosa su cui mi posso esporre, oltre alla fede religiosa. Quindi ogni tanto ci sono scambi simpatici, battute. Persino un esponente politico importante mi mandò un vocale con cori da stadio irripetibili contro l'Atalanta e Bergamo. L'ho tenuto quel messaggio. C'è tanto sfottò con gente con cui si lavora e magari si crea anche un rapporto di amicizia.» In un mondo in completo scuro e cravatta d'ordinanza, il calcio è il calzino colorato che ti puoi permettere quasi sempre. Come quando Pagnoncelli, durante il lockdown, in un collegamento per *DiMartedì* su La7 con Giovanni Floris – sfegatato romanista –, comparve con il gagliardetto dell'Atalanta sulla libreria alle sue spalle. «Ho molti aneddoti in proposito: innanzitutto il martedì successivo a una partita tra Atalanta e Roma, in caso di nostra vittoria (negli ultimi anni è capitato spesso), indosso una cravatta nerazzurra. Poi mi piace ricordare quando ci qualificammo per la prima volta alla Champions League: mentre ero seduto in studio in attesa che il programma iniziasse il regista per farmi una sorpresa trasmise l'inno della Champions mettendomi in imbarazzo e facendomi arrossire (anche se in cuor mio ero davvero felice). Il video fece il giro dei siti Internet e dei social. E quando abbiamo vinto l'Europa League sono arrivati tanti messaggi di congratulazioni. È stata evidentemente una vittoria sentita da molti come propria, anche fuori Bergamo. Se lo vivi positivamente, il calcio veramente può essere qualcosa che accomuna, nel nostro Paese. È un linguaggio universale, a volte forse troppo enfatico, che però affratella anche tifoserie diverse. Perché riconosci nell'altro, anche se di una squadra diversa, la stessa passione. E la rispetti. O dovresti rispettarla.»

Di nuovo, tifo ma con rispetto e sportività. Quando uno di questi principi viene meno, può nascere un'inimicizia sportiva che dura negli anni, nei decenni. Roba da contrade del Palio di Siena, con il pallone al posto dei cavalli. «Per esempio, perché io non amo (eufemismo) il Milan?» Un'altra volta, girato l'angolo, dietro il Pagnoncelli scientifico e razionale rispunta il tifoso. «Perché» si risponde riavvolgendo il nastro di tre decenni «quando non ci hanno restituito la rimessa, l'ho trovato un gesto totalmente anti sportivo.» Sono pochi gli atalantini che hanno bisogno di decifrare il riferimento storico. Comunque, per tutti gli altri. È gennaio 1990, al Comunale si gioca la partita decisiva per accedere alle semifinali di Coppa Italia. L'Atalanta di Mondonico (quella di Caniggia, Bonacina, Ferron) se la gioca con il Milan di Sacchi che, di lì a poco, andrà a vincere la seconda Coppa dei Campioni consecutiva. In campo va il cosiddetto «Milan 2»: sono gli anni in cui l'ambizione berlusconiana porta ad allargare la rosa fino ad avere una squadra per il campionato e un'altra per le coppe. All'epoca sembra pura megalomania, ma non è altro che un'anticipazione del calcio del nuovo millennio. L'Atalanta invece non è il Brasile del 1982, combatte e va in vantaggio con Bresciani. A pochi minuti dalla fine, la qualificazione è in tasca. Capitan Strömberg, sul finale, sta gestendo una palletta oziosa fuori dalla propria area di rigore, un tricche e tracche con il portiere per far passare il tempo. A un certo punto si accorge che a centro area c'è Borgonovo a terra infortunato, quindi butta fuori la palla. Quando il gioco riprende, Rijkaard rimette per Massaro che mette in mezzo una cosa che sembra più un passaggio al portiere che un cross. Borgonovo però ci va sul serio sul pallone, Barcella si appende alla sua maglia e il rigore è inevitabile. Baresi dal dischetto non si sogna nemmeno di fare il bel gesto, segna e manda avanti il Milan (che poi perderà la Coppa Italia in finale contro la Juve operaia di Dino Zoff, il gol decisivo segnato da Galia, bel giro di ruota del karma calcistico). A Bergamo la prendono malissimo, è la chiara violazione di una regola non scritta che si impara giocando da bambini su qualsiasi campetto di periferia.

«Anni dopo, lavoravo per Abacus» racconta Pagnoncelli «ci chiama il Milan e vado in sede con un mio collaboratore, per altro tifosissimo del Milan. A lui sembrava di essere entrato in un santuario e di vivere un momento mistico. L'interlocutore per quella riunione era Massaro, proprio lui. E allora, prima di iniziare la riunione, lo ringrazio per l'incontro ma gli dico: "Mi spiega perché andò così con quella rimessa?".» Finale quasi scontato: «Non ho mai lavorato per il Milan. Non ce l'avevo fatta a trattenermi, quella volta ho messo davanti il tifo al mio interesse professionale». Qui scoppia la risata, anche perché poi appunto il rapporto con il mondo del calcio, anche sul piano lavorativo è stato frequente. «Ho fatto ricerche per singole società calcistiche. Per esempio, per la Roma e la Lazio, prima della quotazione in Borsa. Era necessario capire bene quale fosse il bacino potenziale di acquirenti di azioni. E soprattutto tutti gli elementi da prendere in considerazione per comunicare questo tipo di iniziativa finanziaria.» Un lavoro complesso che poi, quando viene semplificato a fini comunicativi, può anche generare qualche tensione. Come accade con il presidente giallorosso di quegli anni, Franco Sensi. Nello specifico, sulla popolarità del marchio «Roma», ovviamente molto ben veicolabile anche all'estero grazie alla corrispondenza con una delle città più conosciute a ogni latitudine. «Nei focus group, uno dei partecipanti disse che uno dei vantaggi a supporto della quotazione borsistica poteva proprio essere trovato nel fatto che il nome della squadra corrispondeva a quello della città eterna.» Da lì a definire la Roma «la società più conosciuta al mondo» ce ne passava, ma è quello che esce sulle agenzie di stampa. «Gli altri grandi club del campionato italiano mi chiamavano infuriati chiedendomi di smentire il presidente Sensi» ricorda Pagnoncelli. Fu un momento delicato, telefonate, contro telefonate. «Situazioni così non mi sono mai capitate con nessun politico.»

È complicato affiancare con strumenti scientifici, strettamente razionali, l'attività di società che alla fine basano molto del proprio successo e molte delle proprie scelte su fattori emotivi. Si possono spendere decine di milioni di euro per un calciatore perché la tifoseria è insoddisfatta, badando più all'umore che ai conti o alle reali necessità tecniche. Pagnoncelli tocca con mano la complessità dei rapporti tra tifoserie e società proprio nella sua città. Sono i primi anni Duemila. «Ci fu un momento in cui l'allora presidente dell'Atalanta, Ivan Ruggeri, era in difficoltà con i tifosi. Ci andai a parlare insieme a Sergio Carrara, giornalista che conoscevo fin dai tempi del liceo Sarpi. Andammo a casa del presidente e capii che lui viveva con una sofferenza, un dolore vero, il dissidio con i tifosi. Io gli diedi due suggerimenti. Il primo era quello di fare come aveva fatto l'Inter in una certa fase, affidando la presidenza a Giacinto Facchetti, una bandiera. Chi era la bandiera dell'Atalanta? Strömberg. La seconda idea era quella dell'azionariato popolare. Avevo anche immaginato di metterlo in contatto con l'economista dell'Università di Brescia Marco Vitale, che sull'azionariato popolare aveva fatto degli studi. Poi la cosa non andò avanti, Ruggeri non era convintissimo, evidentemente.»

L'ipotesi di Glenn Peter Strömberg presidente, balenata sul finire della presidenza Ruggeri, è basata sul fatto incontestabile che per una lunga stagione – quella che ha in Atalanta-Malines del 1988 il suo fulcro emotivo – lo svedese è stato la bandiera dei nerazzurri. Poi le stagioni finiscono, arrivano altri campioni. «Quando mio papà andò a vedere la finale di Coppa Italia a Milano nel 1963, la bandiera era Domenghini. Poi i tempi sono cambiati.»

Provando ad allargare lo sguardo su centodiciassette anni di storia, si può scegliere un giocatore solo e individuarlo come «la» bandiera dell'Atalanta?

«È difficile, non credo.» Proviamo lo stesso, così, d'istinto. «Se devo dirne uno, per la sua storia Iličić mi è rimasto nel cuore, anche con dolore per la sua vicenda personale. Ci ha fatto vedere cose incredibili, colpi pazzeschi che hanno fruttato grandi vittorie e si sono intrecciati a una fragilità personale che fa riflettere.» Ma scegliere un solo campione, una figurina che batta tutte le altre è impossibile per chi segue una squadra fin dall'infanzia. «Io vedo un'analogia con la musica» dice Pagnoncelli «se uno ti chiede qual è la tua canzone preferita in assoluto, non sei in grado di rispondere. Dipende dalle stagioni della vita, a seconda dei momenti ascolti un artista piuttosto che un altro. E con il calcio è la stessa cosa, in base ai periodi ti ricordi quel campione, quella partita, quel gol. Sono passati dall'Atalanta giocatori che magari ci hanno giocato poco, ma che hanno lasciato un segno molto importante. Penso a Scirea, anche per il valore dell'uomo, Cabrini, Donadoni. Da qui, anche se magari per un anno solo, sono passati giocatori di altissimo livello, come Vieri e Inzaghi.» Giocatori fortissimi che, il tifoso atalantino lo sa bene, non potranno restare a lungo per le logiche di mercato che l'Atalanta sa sfruttare così bene da sempre. «Oggi, però, qualcosa sta cambiando e prendiamo Scamacca, De Ketelaere e Zaniolo, nomi già importanti, per valorizzarli. Se ci pensi, i nomi sono tantissimi, poi individuarne uno solo come bandiera è impossibile.»

Per molti, a Bergamo, in realtà la risposta a questa domanda è semplice: la bandiera oggi non sta in campo ma in panchina. «Sì, non è sbagliato dire che la bandiera dell'Atalanta, in questo momento, è Gian Piero Gasperini» dice Pagnoncelli. Anche questo rende il caso Atalanta unico, sia in chiave strettamente calcistica, tecnica, sia sul piano della passione popolare, del tifo. Non è un caso né una sbruffonata – purché si mantenga il senso delle proporzioni, tenendo presente la bacheca del Manchester United – che, sia tra gli appassionati bergamaschi sia tra gli addetti ai lavori, ricorra spesso il paragone con Alex Ferguson. Tanti anni sulla stessa panchina ma, soprattutto, la centralità del manager nel progetto della squadra che arriva a superare l'importanza di campioni che arrivano, vincono, se ne vanno per lasciare spazio ad altri che l'allenatore saprà far rendere al massimo, trovando nuove soluzioni tattiche. Non che Gasperini non abbia più volte – almeno apparentemente – valutato l'ipotesi di lasciare Bergamo, avendo ricevuto numerose offerte da club importanti, ma alla fine l'accordo (con fior di sforzo economico da parte dei Percassi) è sempre stato trovato e il tecnico torinese è sulla panchina nerazzurra dal 2016. Una cosa che non ha paragoni in serie A e ne ha pochissimi nella storia recente del calcio internazionale. Sicuramente dietro c'è anche un legame con i tifosi bergamaschi diventato più forte di anno in anno. Aver portato a casa l'Europa League, in quel modo, è il punto di sutura più stretto: è l'unico trofeo che molti atalantini hanno visto vincere alla loro squadra ed è l'unico vinto da Gasperini in carriera.

In un rapporto che dura da sessant'anni, sono inevitabili anche le crisi sentimentali. Nel caso della storia Pagnoncelli-Atalanta la delusione ha un nome e cognome: Cristiano Doni. «Quello, nel 2011, è stato il mio vero unico momento di crisi con l'Atalanta, un tradimento che mi ha portato lontano per parecchio tempo. Per un paio di stagioni mi sono sentito distante. Sì, seguivo i risultati, ma nulla più.» A Bergamo in molti all'inizio della vicenda si spesero pubblicamente convinti dell'innocenza di Doni. Dopo l'arresto, il bomber più prolifico nella storia nerazzurra ammise di aver truccato la partita con il Piacenza, ma solo – disse – per garantire la vittoria alla sua squadra. Molti lo difesero, prima e dopo. «Io invece fin dall'inizio avevo forti dubbi e quando le cose andarono avanti ed emerse la sua colpevolezza, venne fuori il disgusto. Ho sempre concepito il tifo come un fenomeno popolare, c'è gente che si indebita per fare l'abbonamento. Pensando a queste persone e all'amore che hanno per la squadra, questi fatti li ho vissuti come un tradimento profondo e su cui non sono in grado di fare tanti sconti. Perché comunque il calciatore ha un ruolo sociale diverso, sul piano economico, di prestigio, popolarità, uno status che fa risaltare ancor di più l'assurdità di truccare le partite. Vale nei confronti dei tifosi, poi anche della società e della squadra.» Doni è un rimpianto per Pagnoncelli e per tanti atalantini, perché oltre a essere stato uno dei più forti e spettacolari calciatori visti al Comunale era anche un uomo carismatico, un leader naturale con cui la tifoseria si identificava.

L'identificazione e l'attaccamento ai giocatori richiede una certa dose di ingenuità, per questo viene più naturale ai bambini. Al bambino Nando che vedeva i giocatori degli anni Sessanta uscire dal Comunale dopo gli allenamenti e ai bambini di oggi che impazziscono per Lookman. «Ma io vedo una differenza e la sottolineo, anche rischiando di fare la figura dello snob. Nel cambiamento del calcio cui abbiamo assistito in questi anni, c'è la consapevolezza da parte del calciatore di avere un ruolo completamente diverso da quello del passato. C'è una sorta di culto della personalità del calciatore che si traduce anche in aspetti estetici, il capello ossigenato, il tatuaggio. Certamente sono ragazzi, e l'epoca in cui vivono è fatta anche di questo, ma mi sembra che si perda ogni tanto la misura. L'altro elemento che a me sembra eccessivo sono certe esultanze dopo i gol. A volte con il teatrino finto, forzato, un po' da luna park.» Scatta il filtro autoironia: «Mi rendo conto che denuncio una certa età, dicendo queste cose. Ma io ricordo l'anticonformismo di Rustico, le auto che avevano alcuni giocatori dell'Atalanta, come la R4 che avevo anche io da giovane, oppure l'esultanza di Perico, che quando segnava alzava giusto il braccio e poi tornava nella sua metà campo. Immaginiamoci se nella vita di tutti i giorni, ogni volta che qualcuno di noi fa qualcosa di fatto bene sul lavoro, si mettesse a fare scene di questo genere, be', sarebbe strano». È quella componente di spettacolo che il calcio sempre di più alimenta anche perché lo richiedono tutti coloro che il calcio lo devono vendere, sulle tv e attraverso mille altri canali. «Sì, ma, se si va oltre un certo livello, per me è stucchevole.»

Tutto sommato, però, quando c'è stato davvero da festeggiare, dopo l'inimmaginabile vittoria dell'Europa League, Bergamo ha fatto le cose in grande riuscendo contemporaneamente a non esagerare. Ora, bisognerebbe vedere come è stata percepita da altri punti d'osservazione (a Brescia, dove negli stessi giorni si concretizzava l'ottavo posto in serie B). Ma la festa di piazza con cinquantamila persone e forse più ad assistere alla sfilata del pullman scoperto, con la squadra che portava in giro la coppa dell'Europa League, è stata un caos felice ma quasi contenuto. Prima di mezzanotte sul Sentierone già giravano i mezzi di A2A per ripulire da bottiglie e cartacce. La mattina dopo non un vetro rotto denunciava che le strade del centro erano state teatro della più grande festa popolare mai vista. «È una cosa tipica nostra, da bergamaschi. La festa col pullman ci sta, ma finisce lì.»

In molte famiglie bergamasche l'esultanza al fischio finale di Dublino si è caricata di una nota malinconica. I tifosi di squadre che raramente alzano trofei sanno cosa succede: il pensiero va dritto ai papà, ai nonni, agli amici che quell'appuntamento con la vittoria l'hanno mancato di qualche anno, o solo di qualche mese. E che però ebbero magari il loro di appuntamento con la felicità calcistica. «Mio papà» racconta Pagnoncelli «era a San Siro il 2 giugno 1963, quando l'Atalanta vinse la Coppa Italia. Avevo quattro anni e non ricordo niente, ma ho ancora il suo biglietto di quella partita da qualche parte e sto impazzendo per capire dove l'ho messo. Volevo portarlo con me allo stadio quando nel 2019 abbiamo giocato la finale con la Lazio, ma non l'ho più trovato.» Il biglietto della finale verrà fuori. O forse no. Ma basta evocarlo, come basta evocare quella bandiera nerazzurra alla finestra o quella mela lanciata da un giocatore, e si accende la macchina del tempo. È un potere misterioso, uno dei tanti, del calcio.

Ferdinando (detto Nando) **Pagnoncelli** (Bergamo, 1959) è uno dei più famosi sondaggisti italiani. È presidente di Ipsos, il primo istituto demoscopico in Italia appartenente al terzo gruppo a livello mondiale nel settore delle ricerche di mercato. Nel 2004 ha fondato Ipsos Public Affairs, la divisione del gruppo che si occupa delle ricerche sulla pubblica opinione. Insegna Analisi della pubblica opinione all'Università Cattolica di Milano. Tra i vari libri ha pubblicato nel 2019 *La Penisola che non c'è* (Mondadori). Dal 2014 cura la rubrica settimanale Scenari del *Corriere della Sera* e collabora con Giovanni Floris al programma *Di Martedì*.

Simone Bianco (Lecco, 1979) è un giornalista italiano, caposervizio nella redazione di Bergamo del *Corriere della Sera*, nella quale ha iniziato a lavorare nel 2012. Ha lavorato anche per la *Gazzetta di Lecco*, il *Giornale di Bergamo, DNews*. Da quasi vent'anni a Bergamo, racconta e commenta le vicende politiche e amministrative della città. Il lavoro di redazione l'ha portato a occuparsi dell'epopea atalantina dell'ultimo decennio.

Libero di essere irrazionale

di Giuseppe Remuzzi

Un giorno uno mi chiede cosa io abbia pensato il 12 agosto di quattro anni fa, finita la partita di Champions con il Paris Saint-Germain persa 2-1, dopo il novantesimo. Loro erano più forti, ma noi volevamo vincere a tutti i costi e si vedeva. Per questo ci ho creduto fino alla fine. Anche perché sapevo che non avremmo retto i tempi supplementari e i rigori… di quello meglio non parlare, in quel campo lì siamo peggio del Frosinone. Il mio interlocutore poi mi chiede se questo è un miracolo. Secondo me, la voce «miracolo» non fa giustizia all'Atalanta: è tutto lavoro intenso e mirato con una chiara strategia. La voce «di provincia» invece mi piace, perché siamo una squadra provinciale, ma con le capacità per competere con le squadre più grandi. E lo stiamo dimostrando.

Mi chiedono cosa sia l'Atalanta per me. Tantissimo. Per me e per (quasi) tutti quelli di Bergamo. Per i bergamaschi il calcio è Atalanta. A Bergamo non si va allo stadio, si va «all'Atalanta» (avete mai sentito di qualcuno che va «all'Inter» o «al Napoli»?). Io di calcio non ho mai capito molto, ma me ne sono fatto una ragione:

il calcio è difficile molto più della medicina, e di Gianni Brera in giro ce n'è pochini. La passione poi prescinde dalle conoscenze, le volte che perde l'Atalanta stai male e basta.

Un tempo ci andavo «all'Atalanta» e capitava di vincere anche con gli squadroni. Per esempio, una volta stiamo giocando con l'Inter: siamo sotto di un gol, loro cantano: «Bergamaschi fateci le case», ma dopo un po' noi pareggiamo e, poi vinciamo, 2 a 1, e i nostri intonano: «Lo scemo non canta più». Ora no, non ci vado più da molti anni. Le volte che si vinceva erano poche e allora se torni dall'Atalanta col freddo, mentre si fa buio, dopo aver perso, ti prende una malinconia da far invidia a Leopardi. Però senza Atalanta non si può stare; adesso ci sono la radio, che ascolto quando sono in macchina, e il telefonino. Dopo dieci minuti, capisco già come andrà a finire. Mi regolo su possesso palla e calci d'angolo.

E poi il lunedì c'è *Tutto Atalanta* a Bergamo Tv: imperdibile. Un po' anche per via di Matteo De Sanctis e dei suoi ospiti. Non sempre e non tutti, ma qualcuno è veramente speciale: Cesare Malnati è un fuoriclasse, competente e coraggioso, sopra le righe, uno che sa dire verità anche quando sono scomode; c'è la saggezza di Adelio Moro, e c'è la bravura di Gustinetti, quando è presente.

Ma poi rivedi le azioni più importanti, quelle che non hai potuto vedere in tv, rivedi i gol, i tuoi e purtroppo anche quelli degli altri, senti parlare i tifosi grazie al garbo e alla sensibilità di Elisa Cucchi, una star. E ancor prima di *Tutto Atalanta* c'è *Atalanta Diretta Sta-*

dio, quando riesci a essere a casa, che la partita te la fa vivere come se fossi sugli spalti.

Carlo Canavesi è un cronista di prim'ordine, se va avanti così un bel giorno sarà il nostro Nicolò Carosio, e solitamente è affiancato da due persone speciali: Attilio Belloli, avvocato e arbitro, bravo e garbato, mette in evidenza in tempo reale le cose buone e le malefatte degli arbitri, ma anche gli svarioni del Var (scusate il gioco di parole), e poi Angelo Zambetti, tranquillo, solido, competente, ti trasmette ottimismo anche quando stai per perdere. Quando si lascia scappare un sorriso anche nei momenti più delicati, capisci che è fatta, quella partita lì non la perdi più. E poi Roberto Belingheri, tranquillo, sicuro, sempre impeccabile nei giudizi che possono essere anche «non lo so» e questo è un segno comunque di grande classe. Con lui *Atalanta Diretta Stadio* è davvero qualcosa di speciale.

La vita del tifoso dell'Atalanta è dura, o perlomeno lo è stata. Si cominciava per non retrocedere. Qualche volta, come ho detto, si vinceva anche con la Juve, e ti sentivi in Paradiso, ma non succedeva quasi mai. Più spesso capitava di pareggiare o di perdere in casa anche con chi stava lottando per la salvezza. Ad aprile di solito si facevano i conti dei poveri: se questa e quest'altra squadra pareggia e se quell'altra perde, ammesso che noi pareggiamo qui e vinciamo là e non perdiamo in casa l'ultima partita, allora siamo salvi. Si soffriva ma pazienza, l'Atalanta è Bergamo e qualche motivo di orgoglio c'era: più tempo in serie A dal Dopoguerra di qualunque altra provinciale, una società con i conti in ordine che non ha mai fatto il passo più lungo della gamba, ha formato grandi campioni e ha saputo attirare dall'estero moltissimi talenti, sempre.

Gasperini lo ha detto, anziché ricorrere alle solite frasi banali degli allenatori. «L'Atalanta è una squadra con i conti a posto, e per una squadra che gioca a quei livelli non è un aspetto secondario. Ha vinto una società che non acquista campioni: semmai diventano campioni qui.» Prendiamo il caso di Lookman: nessuno aveva capito quanto poteva essere prezioso prima che arrivasse a Bergamo. È una cosa molto bella. E stiamo parlando di una provinciale, per quanto possa essere definita provinciale una squadra che rappresenta una città di centoventimila abitanti e una provincia di un milione e duecentomila.

Le qualità che hanno fatto grande l'Atalanta sono anche quelle dei bergamaschi: parlare poco e fare i fatti. Il mio professore di Storia ci raccontava un aneddoto sicuramente inventato ma a suo modo significativo. Nel 1492 Colombo sbarca in America e gli va incontro un tale che gli chiede: «Come vanno le cose in Valle Imagna?». Come dire cosa sono i bergamaschi, che, in silenzio, possono arrivare dappertutto, te li puoi trovare dovunque. Il dottor Locatelli, grande chirurgo e pediatra, era originario della Valle Imagna. Era bergamasco Giacomo Costantino Beltrami, che esplorò le sorgenti del Mississippi. E poi Bergamo è una città bellissima, in ordine, ha dei giardini, si vedono i fiori. E all'Atalanta c'è sempre stata gente per bene come era (un tempo) la gente di Bergamo: gente che lavora tanto, capace di battersi per le cause degli altri: abbiamo contribuito a fare l'Italia più di chiunque altro.

Lo zio Camillo parlava del senatore Turani e dell'ingegner Tentorio, due dei tanti che hanno fatto grande l'Atalanta insieme a Franco Previtali. Fumo (di sigarette) e istinto, cercavano i giovani migliori, ovunque fossero. Oggi parlano tutti di Gasperini come dell'uomo che trasforma giocatori normali in campioni. È probabile che sia così, ma quella strada l'avevano già percorsa Franco Previtali e Giovanni Sartori che, dopo aver contribuito a fare grande l'Atalanta, adesso sta facendo grande il Bologna per la gioia di Sergio Venturi: uno dei più bravi fra gli assessori alla Sanità che l'Emilia-Romagna abbia mai avuto, con la testa per i suoi grandi ospedali e il cuore per il Bologna. È forse proprio da Previtali e Sartori che è cominciata la capacità di scovare giovani semi sconosciuti e che, dopo un po', all'Atalanta erano diventati campioni (non tutti e non sempre, si capisce, ma più spesso sì).

Nel 1963 arrivò a Bergamo da Modena il nuovo primario di medicina: Francesco Vaccari. Era colto il professore, carismatico, e anche un bell'uomo. Trattava gli ammalati con l'eleganza di un gentiluomo d'altri tempi, parlava con loro né troppo né troppo poco e mai in mezzo alla gente; e un velo di timidezza faceva sì che ogni malato fosse un po' come il suo primo malato. Penso che nemmeno lui si rendesse conto di quanto era bravo. Non ha mai detto «con i malati si fa così», lo faceva e basta. Credo gli riuscisse così bene perché le angosce dei suoi malati erano un po' anche le sue. Qualche anno dopo l'Atalanta cercava un dottore, ne parlano col professore, che ci sta, ma non poteva certo essere lui quello che stava a bordo campo per entrare se un giocatore si fa male; si troverà qualcuno fra i suoi collaboratori, gli dicono.

Detto fatto, la scelta è facile: l'aiuto primario è un po' su di età e affatto interessato al calcio, e i giovani troppo giovani; restava Giancarlo Gipponi: ottimo medico senza darlo a vedere, bravo con gli ammalati senza farlo apposta, timido anche lui, ma simpatico e sornione. Io nel reparto di Medicina terza ci sono arrivato da studente del quarto anno, molto dopo; Gipponi era ancora con l'Atalanta e a me la cosa piaceva molto; il lunedì ogni tanto arrivava con qualche aneddoto dal campo o dagli spogliatoi, di quelli che non si leggono sui giornali; ci si avvicinava piano e ce lo raccontava a mezza voce, senza finire le frasi come si fa quando si svela un segreto.

Le volte che andavo allo stadio, vedere «il Gipponi» in panchina fra giocatori, preparatori e tecnico mi piaceva, mi sentivo qualcuno anch'io (visto che lo conoscevo). Gipponi non aveva certo quello che si direbbe il «*physique du rôle*»: era rotondetto e quando attraversava il campo trotterellando fino a raggiungere il poveretto che stava in terra faceva quasi tenerezza; aveva però una passione vera e a suo modo sobria per la sua Atalanta, e questo contagiava tutti noi. Capitava che in reparto ogni tanto arrivasse Roncoli, farmacista, informatore per la Merck, ma famoso soprattutto per aver retto per anni la difesa dell'Atalanta; Gipponi ci faceva lunghe chiacchierate. Chissà cosa si dicevano. Certo è che a Bergamo i medici dell'ospedale prescrivevano più indometacina (per altro un ottimo farmaco) che nel resto d'Italia, e a Rahway nel New Jersey, dov'è ancora oggi lo storico quartier generale della Merck, qualcuno si domanda perché.

A dire il vero c'è stato un tempo in cui per l'Atalanta abbiamo provato vergogna: il campionato del 2011 fu segnato dallo scandalo del Calcioscommesse che coinvolse Doni e che portò alla penalizzazione la stagione seguente. La cosa peggiore che possa capitare a un tifoso. Vergogna e delusione. Rabbia e rancore. Verso i giocatori – quelli che qui erano eroi premiati dal Comune con la medaglia d'oro – e verso i dirigenti che non ci hanno spiegato nulla. Il campionato del 2011-12 comincia così, pochi abbonamenti e pochi allo stadio. Il pareggio col Genoa la gente lo vive con distacco: fatti loro, non ci riguarda, e poi il Genoa sembrava una squadra dell'oratorio. La domenica dopo si vince col Palermo. "Sarà un caso" ho pensato senza emozioni e poi Lecce-Atalanta 1 a 2. Lì torna la voglia di Atalanta, non può più essere un caso, cosa sta succedendo? Fino a quando all'edicola ti scappa l'occhio sul titolo di prima pagina della *Gazzetta* che è per l'Atalanta (quando mai?): *Bergamo Alta*. Chissà chi l'ha fatto quel titolo, un genio.

E allora... al cuore non si comanda, e vergogna, delusione, rabbia e rancore lasciano spazio alla passione, la solita, per l'Atalanta che si dice sia una fede. Anche se la fede hanno provato a farcela perdere quella volta:

che non succeda più, per carità! Giocatori, allenatori, dirigenti parlano sempre con ammirazione e riconoscimento dei nostri tifosi, come se il tifo fosse il dodicesimo uomo; a dirla tutta, lo dicono in tanti, ma da noi è proprio così. Sono tifosi che non perdono mai la speranza di poter ribaltare un risultato e sono capaci di incitare la squadra anche quando perde 3 a 0.

È molto bello tutto questo, ma ci sono dei tifosi molto particolari, tifosi che non si vedono, che non esultano, che la squadra la incitano nel loro cuore. Sono quelli più importanti per me, e qualcuno qualche volta dovrebbe pensare anche a loro. Lo dovrebbero fare anche i dirigenti, i direttori sportivi: «Vendo questo, compro l'altro, tanti milioni, ma non bastano ancora. Oppure bastano perché con questo ci faccio qualcos'altro». Certo, sono argomenti importanti dai quali non si può prescindere, però ogni tanto voi che avete tanto potere pensate anche agli ammalati.

Per dirvi quanto sia importante per loro l'Atalanta vi racconto la storia di un malato speciale, in particolare per me: vi voglio raccontare del professore che parlava di cinema, forse, anzi senza forse, il più importante di tutti i miei professori. Don Martinelli non faceva lezione, diceva la sua come si farebbe a un cenacolo di intellettuali: intratteneva, coinvolgeva, emozionava. Se tu capivi e ti lasciavi prendere, bene, se no pazienza: per lui era un dettaglio. Compiti in classe? Interrogazioni? Quasi mai. «E allora come faceva a mettere i voti sul registro?» direte voi. Li metteva di tutta fretta gli ultimi giorni, proprio perché non se ne poteva fare a meno, e non è che si ricordasse tutto di tutti: anche il voto era un dettaglio. E non serviva studiare per il giorno dopo, dovevi essere capace di reggere la conversazione con lui – su tutto, però, da Ionesco alla Rivoluzione russa, dallo spirito del capitalismo ai beni culturali e ambientali della Val San Martino. E se la mattina dell'interrogazione – che avrebbe dovuto essere, mettiamo, sui poeti del Trecento – eri tranquillo perché sapevi di essere forte almeno su Petrarca, poteva succedere che ti chiedesse qual era il film più bello che avevi visto tra quelli usciti negli ultimi mesi. Era *Belle de jour*, naturalmente, ma chi ci arrivava?

Un po' anche perché la tonaca ti confondeva. Quando si parlava di Leopardi ti immergeva nella natura romantica e arcadica per passare poi all'illusione, alla speranza, alla delusione, alle società primitive, e poteva anche finire con Spinoza. Il «professore» era curioso di tutto, di un'ingenuità disarmante, e persino scanzonato. In tutte le classi ce n'è uno che sa sempre tutto, avete presente? Siede al primo banco, porta gli occhiali ed è il primo ad alzare la mano. I professori normali quei tipi lì li portano in palmo di mano, e li additano a esempio da imitare. A don Martinelli tutto questo non faceva alcun effetto. «Tu studi come un bulldozer» diceva al più secchione di noi: non era né un complimento né un rimprovero, era la verità, ma c'era bisogno del suo candore per dirla proprio così. A chi di noi gli chiedeva se l'esame di maturità fosse difficile rispondeva: «Facilissimo, hanno promosso persino... Tizio». Ci diceva spesso che il mondo è fatto di intelligenti e cretini. È vero anche questo, ma i professori di solito non lo dicono, non sta bene – l'ha detto anche James Watson, ma è stato criticato molto per questo.

E che ci azzecca tutto questo con l'Atalanta? Un attimo: il professore un bel momento si ammala di una malattia grave. Era ancora giovane, e ha vissuto ogni istante della sua infermità con grande intensità, lucido e razionale, e con una capacità di sopportare le angherie dei medici che non ho mai visto in nessun ammalato. Chissà, forse si era messo in testa che quella fosse la malattia di un altro. E intanto continuava a studiare e a riflettere sul senso della vita e sul fatto che per «consolarsi dell'umano stato» e costruire una società migliore bisogna soprattutto voler bene.

Lui, a modo suo, voleva bene a tutti e specialmente all'Atalanta. È rimasto lucido fino all'ultimo giorno. Ha fatto in tempo a vedere il 4 a 0 con il Frosinone, ma anche la straordinaria vittoria per 4 a 1 sull'Inter e poi il 6 a 2 in casa del Sassuolo, con tre gol di Iličić. Si è illuso che potessimo vincere la Coppa Italia, come si illudono tutti i bergamaschi, dagli anni Sessanta a oggi. Si arriva in finale e poi si perde sempre (un amico di questi giorni mi ha detto: «Viene da pensar male...». È uno che di calcio si intende davvero. Io non vorrei pensar male ma la finale di Coppa con la Lazio di quel 2019 è un po' difficile da spiegare).

Il professore ha fatto in tempo a entusiasmarsi – nonostante la malattia – per Gómez e Iličić, ma non ha potuto vedere le avventure della Champions League, né i quarti di finale. Peccato. E non è stato tutto rose e fiori, nemmeno per lui. L'Atalanta può vincere facendo una goleada con il Liverpool come può perdere con squadre già retrocesse in serie B. L'Atalanta è così, in un certo senso unica. Perdono anche gli altri, ma non tutte le volte che ci sarebbe proprio bisogno di vincere e il professore, dal suo letto, come tutti noi, ci soffriva.

Da qualche anno è cambiato tutto. Perché? Chi lo sa. Forse non c'è una ragione sola, sono tante circostanze che si sono incontrate in una combinazione favorevole e a Bergamo c'erano tutti i presupposti perché prima o poi potesse succedere. Ma ce ne siamo accorti solo noi, radio e televisione stanno sempre a parlare di Juve, Napoli, Inter e Milan (anche quando vanno male). Una volta ho anche pianto, quando negli ottavi di andata di Champions a San Siro l'Atalanta vinse 4-1 con il Valencia. Uno dei gol lo fece Iličić, che poi al ritorno, fuori casa, né segnò altri quattro (quattro!). Era la mia prima volta a San Siro, mi hanno messo in un posto meraviglioso, poltrone e dietro un bar fantastico, champagne e stuzzichini da favola. Ma il terzo anello era vuoto, i tifosi dell'Inter e del Milan non volevano che i loro scranni fossero contaminati dalla presenza dei nostri. Hanno sbagliato, per come è andata la partita ne sarebbero dovuti essere onorati.

Era febbraio, il 19 febbraio del 2020, ma nessuno di noi aveva la percezione di quello che sarebbe successo di lì a pochi giorni. Pensate che in pullmino, nel viaggio di andata, mi hanno messo in mano un microfono di quelli che usano le guide turistiche, perché spiegassi del virus che stava facendo tante vittime in Cina. Io dico quello che so, del virus, del mercato umido di Wuhan, che si trasmette da uomo a uomo e delle precauzioni da prendere. Non sapevo però che il Covid-19 fosse già in mezzo a noi. E da diverso tempo, fra l'altro. Non ero il solo: un microbiologo, allora non ancora così noto, aveva appena detto in televisione che era più facile essere colpiti da un fulmine che prendere il Covid, e una settimana dopo: «Se proprio volete, la mascherina mettetevela, ma per proteggervi… dallo smog, non certo dal Covid».

Pazienza, si sbaglia. Queste cose servono solo a far capire come nessuno di noi in quei momenti avesse la percezione del rischio, io per primo; ma nemmeno il più bravo di tutti: Anthony Fauci, che aveva dichiarato in un'intervista – proprio lo stesso giorno delle mascherine per lo smog – che il rischio per gli Stati Uniti era «basso» ma aveva anche aggiunto che la situazione avrebbe potuto evolvere, e siamo al 26 febbraio, sette giorni dopo l'incontro di San Siro (ecco perché le commissioni parlamentari su chi fu responsabile di che cosa mi fanno sorridere). Atalanta-Valencia è la dimostrazione di come le cose del mondo sono governate dal caso. Chi, anche solo qualche mese prima, avrebbe detto che l'Atalanta sarebbe arrivata agli ottavi di Coppa? E che avrebbe segnato quattro gol al Valencia? A quel punto entusiasmo alle stelle e più di quarantacinquemila persone che si abbracciano…

Io ero lì, in pieno Covid, ed ero lì per puro caso. C'era un prete, seduto proprio vicino a me, amico degli amici che mi avevano invitato, insistendo molto, e, ahimè, non ero riuscito a dire di no. Questo era un prete incredibile, di tifosi così non ne ho visti mai, nemmeno quelli della curva nord, nemmeno il mitico Bocia, probabilmente. Sapeva tutto di tutti, dei nostri, di chi sarebbe entrato, di chi era meglio che uscisse, di chi stava bene, di chi aveva appena avuto un infortunio, ma sapeva tutto anche degli altri. I commenti che precedevano le azioni erano sempre azzeccati, gridava invariabilmente gol una frazione di secondo prima che la palla entrasse in rete davvero e poi mi abbracciava urlando. Se fosse stato infetto mi avrebbe sparato in faccia decine di migliaia di virioni; non lo era, per fortuna.

Dopo, un numero esagerato di pullman pieni di gente che fa festa, canta e balla per la gioia. Se solo l'Atalanta avesse perso, sarebbero stati tutti tristi e muti. Forse è stata questa la ragione della diffusione del contagio da noi più che altrove, o forse no, andrebbe studiato. Non sarebbe difficile e ci aiuterebbe a capire tante cose. Due giorni dopo arrivano al pronto soccorso di Alzano i primi ammalati di polmonite da Covid ed è lì, non prima, che si comincia a sospettare qualcosa. Chiamo chi mi ha invitato alla partita: «Quanti hanno la febbre del nostro pullmino?». Mi risponde: «Nessuno». E io: «Nemmeno il sacerdote?». «No, nemmeno lui.»

Contro il Covid Bergamo ha fatto un'impresa grande quanto la vittoria dell'Atalanta in Europa League. Questo grazie a medici e infermieri dell'ospedale nostro e non solo, che hanno lavorato giorno e notte: meravigliosi. Non gli saremo mai abbastanza grati.

Mi chiedono del giocatore simbolo. Ce ne sono tanti: Iličić, Gómez, Zapata e de Roon su tutti. E poi quelli di adesso: De Ketelaere, Lookman, Scalvini, Carnesecchi, ma c'è anche il passato. Negli anni Sessanta l'Atalanta ha vinto una Coppa Italia, me la ricordo benissimo: ero allo stadio quella volta con lo zio Camillo, ingegnere e portiere, che parava tutto in allenamento, ma nelle partite vere si emozionava per via del pubblico.

Mi chiedono anche se nel derby del cuore tra stranieri sia meglio Strömberg o Caniggia. È come chiedermi se fosse meglio Fellini o Antonioni. Con Strömberg l'Atalanta ha cambiato mentalità, ha cominciato a capire che ci si può avvicinare alle grandi e lui, dopo che ha smesso di giocare, ha continuato a essere vicino alla squadra e alla città. Caniggia sapeva volare: quando col pallone tra i piedi scartava cinque avversari e arrivava in porta da solo, metteva i brividi.

E poi, se mi ricordo bene, Magrin, faccia tipica da calciatore anni Ottanta, e la sua vicenda triste alla Juventus. Doveva sostituire Platini, ma restò due anni appena. Magrin era fortissimo, non so cosa sia successo, ma lui è molto di più di un calciatore. Un uomo colto, aveva e ha ancora competenze e senso pratico. È uno dei grandi commentatori delle imprese dell'Atalanta di oggi. Poi c'è stato Morfeo, un altro che forse solo a Bergamo poteva permettersi di essere Morfeo. Pochi giocatori dell'Atalanta quando vanno via riescono a mantenere le promesse, dopo essere cresciuti nel miglior vivaio d'Italia, tra i primi dieci in Europa. Proprio così. Morfeo è stato l'Atalanta per tanti anni, poi più niente. Più o meno come tutti (o quasi) quelli che sono andati via negli ultimi anni. Fortissimi da noi e in panchina nelle grandi squadre, questo sì che è un mistero.

Ma non è sempre stato così. Un grande non solo da noi ma anche nel corso della sua carriera (allora all'Atalanta un po' ci andavo) è stato Domenghini. Di lui ricordo certe cavalcate attraverso tutto il campo da lasciarti a bocca aperta. Via da noi ha fatto lo stesso con l'Inter e con la Nazionale, e per il Cagliari di Gigi Riva è stato un punto di riferimento imprescindibile.

L'Atalanta ti insegna a essere corretto. In questa incapacità di fingere, di fare scena, i calciatori rispecchiano il temperamento dei bergamaschi. Non che il tifoso atalantino non sia in grado di reagire, tutt'altro... Se si vedono giocatori che si buttano a terra, che fingono di aver subito un fallo in area per ottenere un rigore, quasi mai sono quelli dell'Atalanta. Certo, la monetina in campo avrebbero anche potuto fare a meno di lanciarla i nostri tifosi, quella volta, col Napoli. Io c'ero; era per vedere Maradona che, più o meno, in quella partita non s'era visto. S'è visto invece accasciarsi a terra Alemao, colpito in testa da una monetina, forse da cento lire, e avventarsi su di lui il massaggiatore, Carmando. Dicono che abbia detto: «Statte 'n terra». Fatto sta che arriva l'ambulanza, Alemao finisce all'ospedale. Il neurochirurgo di guardia è un mio amico. Fanno la Tac. Non c'è nulla. Ma proprio nulla. Il medico che aveva accompagnato Alemao e forse Carmando stesso hanno provato a insistere perché a guardar bene, ma proprio bene, qualcosa si trova sempre. Non c'era nulla. In compenso perdiamo a tavolino e il Napoli vince lo scudetto.

A proposito di brasiliani, devo dire che nonostante la fama del centro di Zingonia, oggi i giocatori dell'Atalanta sono quasi tutti stranieri. È un po' un peccato. Di stranieri l'Atalanta ne ha avuti sempre, anche prima di molte altre squadre: vi ricordate di Humberto Maschio? E che dire di Sørensen? E poi Hansen, Rasmussen, Gustavsson, da Costa, Battaglia e Clerici.

Poi venne il periodo magico dei Gómez, degli Iličić, dei Romero, dei Gosens e degli Zapata. Sembrava di sognare. Magari si va sotto di un gol dopo pochi minuti (o pochi secondi), ma alla fine si vince con numeri mai visti – 4 a 2, 5 a 1, 7 a 1 – e per me l'indimenticabile 5 a 0 al Bologna, con tanto di telefonata da parte di un caro amico, primario e grande nefrologo del Sant'Orsola, ammirato per l'Atalanta e in lacrime per il suo Bologna. Momenti memorabili, l'Atalanta divertente e che si diverte e l'attesa della goleada, da non credere.

Ma quell'incanto a un certo punto finisce, come succede quasi sempre per le cose troppo belle per essere vere. Solo che questa volta c'è una ragione molto ma molto verosimile, anche se sono pochi a sapere davvero cosa sia successo e quei pochi non ne parlano volentieri. La sostanza è che Gómez se ne va dopo un diverbio con Gasperini (un diverbio o qualcosa di più?), certo è che da quel momento si ricomincia a soffrire. La difesa è spesso in affanno, Iličić è triste: sprazzi di classe sempre, ma non è più lui. A centrocampo si fa quel che si può e si dovrebbe fare un monumento a de Roon che arriva dappertutto; Zapata con due o tre giocatori letteralmente attaccati alla maglia fa la sua parte e la fa quasi sempre da par suo ma, per quanto tu sia un colosso non puoi giocare così tutte le partite, fra l'altro aumenta il rischio di infortuni! Ci sarebbero gli arbitri ma loro, di solito, non li vedono quelli che strappano la maglia a Duvan pur di fermarlo. O sì, forse sì, ma chiudono un occhio e anche due. Prima gli avversari dovevano rincorrere Gómez, e te lo potevi trovare dappertutto, così Zapata lo lasciavano in pace, almeno un po'.

Diciamo subito che queste mie sono considerazioni da tifoso, che valore possono avere? Quando ne parlo con qualcuno che, invece, ci capisce, mi dicono che non è così, che Gómez non c'entra niente, che a Siviglia in fondo non ha fatto granché. Sarà, ma io il bel gioco, quello dell'Atalanta, la squadra che tutti ci invidiavano, non l'ho visto più. «In fondo abbiamo vinto col Liverpool» mi dice chi se ne intende; vabbè ma l'Atalanta non è più quella di prima: non ci divertivamo più noi e, a me pare, non si divertivano nemmeno quelli che stavano in campo: un bel problema perché chi gioca a calcio si deve divertire, se no che gioco è?

L'ultima Atalanta, quella della scorsa stagione (e poi di quella attuale), è ancora diversa.

Inizio da dimenticare ed è sempre Musso fra i pali. Fosse stato Carnesecchi fin dal primo giorno, a novembre si sarebbe arrivati con almeno sei punti in più, ma non fate caso a questo giudizio, è quello di un tifoso che, come quasi tutti i veri tifosi, di calcio ne sa poco. Alla fine, è andata bene, ma per arrivarci la strada è tutt'altro che in discesa, un po' come ai vecchi tempi. Perché perdere 3 a 0 col Torino, per esempio, dopo che in Coppa si stava andando benino? Non basta dire Atalanta «inguardabile». Quella sera mia figlia – fan dell'Atalanta da tanto tempo, per via di Caniggia – mi scrive un messaggio: «Papà, l'Atalanta è così». Sì, forse non è inguardabile, non sempre per fortuna, ma è «così» tutte le volte che ci sarebbe bisogno di vincere per agganciare le prime (parlo di campionato) e poi, inevitabilmente, quando i nostri giornalisti scrivono: «Domani vinciamo facile». Oppure: «La Dea vuole tre punti in casa col Frosinone». Ma la scaramanzia, quella che lo zio Camillo chiamava *gàbola,* non sapete nemmeno dove sta di casa?

Non vi ha insegnato nulla la storia di Pingeon? È uno che ha vinto il Tour de France, e prima niente e dopo quasi niente, e sapete perché? Un giorno del 1967 *La Gazzetta dello Sport* esce con un titolo a tre colonne: *Pingeon insegue vittorie più grandi di lui*. Il giorno dopo, ma proprio il giorno dopo, lui si inventa una fuga solitaria di buon mattino e conclude con quaranta (sì, avete letto bene, quaranta) minuti di vantaggio sulla maglia gialla. Poi di tappe non ne vince più, anzi il vantaggio si riduce giorno dopo giorno, ma a Parigi il primo è lui con tre minuti di vantaggio su Jiménez. Pingeon non lo sa perché ha vinto quel tour. Non so se leggesse la *Gazzetta*, che quella volta, parlando di lui come un perdente senza speranza, gli ha fatto vincere la corsa a tappe più prestigiosa del mondo.

Noi invece all'inizio della scorsa stagione perdiamo spesso, con squadrette per lo più, anche se Gasperini deve dire che sono forti, fortissime, difese coriacee, quasi impossibile trovare un varco per segnare, e poi perdiamo (quasi) sempre con la Fiorentina. Siamo più forti, lo so, ma perché si perde così tante volte? E pensare che non c'era nemmeno più il «tuffatore» che di partite un po' ce ne ha fatte perdere... Vinciamo a Lisbona e subito, tanto per convincerci che «l'Atalanta è così», perdiamo con la Lazio e avremmo potuto perdere benissimo anche a Udine, proprio come è successo a Bologna che non era certo il Bologna degli ultimi tempi (nuova telefonata del mio collega del Sant'Orsola che stavolta si scusa, ma sorride sotto i baffi).

A Cagliari sembra fatta fra l'entusiasmo (eccessivo) di Carlo Canavese e dei suoi super ospiti ma poi ancora una volta... perdiamo. «Parliamoci chiaro» mi dico tra me e me «non è una squadra da Coppa» e penso con una certa nostalgia ai tempi dei 7 a 0 e dei miei Gómez, Iličić e Zapata (ma c'era proprio bisogno di venderlo? E proprio al Torino?).

A Dublino, in finale di Europa League, la musica cambia: tifosi in delirio ed Elisa Cucchi a mille come non si era vista mai (che è tutto dire!). Quella sera c'era bufera su Bergamo – con buona pace degli scettici sul cambio del clima –, a casa mia niente corrente e chissà quando sarebbe tornata. Per un caso eravamo fuori con amici, così ho visto la partita dal dottor Biza, mio compagno di banco storico per tutti gli anni delle elementari e per tutti quelli delle medie (al liceo prendemmo strade diverse ma ci ritrovammo a Pavia all'università, per imparare a fare i dottori). C'è sua moglie più tifosa di lui perché figlia d'arte. Il padre Severino Cominelli fu centrocampista dell'Atalanta degli anni Quaranta, ex capitano con sessanta gol. «Ma siete sicuri che non vi disturbo?» Faccio io. «No» replica Massimo «per nulla, però ti avverto che se perdiamo io vado a dormire.» «Nessun problema» gli rispondo «sono così anch'io.» Invece non perdiamo, dopo cinque minuti è chiaro che reggiamo il confronto con una squadra che non perde mai, per nessun motivo, contro nessuno. Il primo tempo finisce 2 a 0 e mentre tutti increduli ma coi piedi per terra («l'Atalanta è così») ci beviamo un caffè preparato con grazia da... Grazia, il mio telefono squilla: «Chi sarà mai?». Mario Draghi, nientemeno, romanista di ferro che ci fa i complimenti più sinceri e calorosi che si possano immaginare: «Siete fortissimi, un piacere vedervi giocare». «Calma» faccio io «vediamo come va a finire.» «Va bene, ci sentiamo alla fine.» In realtà mi manda un messaggio ancor prima della fine: «Grandissimi». Dopo il terzo gol di Lookman, lascio da parte le mie ultime fisime e chiamo io, ancora prima del fischio finale. «L'Atalanta è ANCHE così.» Seguono dieci minuti di commenti stellari fra un bergamasco incredulo e un super romanista conquistati allo stesso modo da quell'Atalanta; da Grazia e Massimo Biza quella fu davvero una serata indimenticabile.

Bayer Leverkusen-Atalanta: la partita perfetta; nulla da recriminare? Nulla, proprio nulla; però come abbia fatto questa squadra solo qualche giorno prima a perdere la finale di Coppa Italia con la Juventus rimarrà un mistero. E come abbiamo potuto buttare via dopo Dublino il terzo posto in campionato perdendo contro una squadra malandata come la Fiorentina del giugno scorso? (Davvero un peccato, perché il terzo posto è importante, arrivare nei primi tre vuol dire essere lì davanti; ha ragione Gasperini: è inutile sognare se non sai essere lì davanti almeno qualche volta.) Che avesse ragione il mio amico? Quello del «pensare male»? E non raccontatemi la storia dei festeggiamenti. I nostri sono professionisti... Invece riguardatevi *Tutto Atalanta* delle sere prima delle due finali. In sovrimpressione ci sono SMS dei tifosi per lo più banali e quasi sempre troppo entusiasti o troppo critici. Ma ce n'è di arguti: uno scriveva: «Non penserete mica che ci fanno vincere la Coppa Italia con la Juve?». Forse aveva ragione, forse il calcio non è solo sport, forse fuori dal campo ci sono altri «valori» di cui tener conto. Forse, chissà... Ma se ci fossero anche solo dieci possibilità su cento che sia così, i giornalisti, che sanno tutto, ce lo dovrebbero spiegare. Suvvia Malnati, a lei il coraggio di dire le cose come stanno non manca.

«Koopmeiners non andare via» cantava lo stesso Koopmeiners insieme a tutti gli altri sul pullman della baldoria, arrivato miracolosamente a Porta Nuova rischiando di restare incastrato nell'attraversare porta Sant'Agostino. Invece è andato. E ha sbagliato, a mio parere (ma non aveva un contratto fino al 2027?), per molte ragioni: avrà più soldi? Sì, certo, ma ne ha già tantissimi, un po' per merito suo, un po' dell'Atalanta. A Torino un campione non fa nessun effetto. Senza tornare troppo indietro, hanno avuto Sivori, Baggio, Platini, Del Piero, Ronaldo; Koopmeiners sarà uno dei tanti e non lo ameranno certo come l'ha amato Bergamo (tutta la città voglio dire, non solo quella che va allo stadio); Koop, a Torino non sarete ricevuti in Comune con sindaco, giunta, consiglieri in lacrime dopo il discorso (bellissimo) di Gasperini, nessuno ti darà una medaglia d'oro come benemerito perché «dietro l'Atalanta c'è una città»; l'Atalanta, con te, una volta guariti Scamacca e Scalvini, avrebbe lottato per i primi posti in campionato; così sarà la Juve a farlo, grazie a te (*qué barbaridad*, direbbero in Sud America).

C'è la Champions League, certo, ma quella da un bel po' di anni la Juve non la vince, nemmeno con Ronaldo; noi abbiamo già vinto una volta per via di Koopmeiners e di tutti gli altri. Si sarebbe potuto riprovare; certo, guadagnerai di più, ma hai perso la grande occasione per dimostrare che anche nel calcio c'è ancora chi crede in qualcosa: la parola data, i colori di una squadra che ti ha portato a vincere l'impossibile, i tifosi, i malati (ricordate la storia del professore che parlava di cinema?) nessuno ci pensa mai, ai malati...

E poi non saresti stato il solo a essere legato a un club e alla sua città, ce n'è di quelli che non avrebbero lasciato la loro squadra per avere più soldi: Strömberg da noi e poi Bulgarelli, Gigi Riva – ha fatto grande il Cagliari da solo ed era contento così –, Totti, e poi tutti quelli dei grandi club (il nostro Facchetti tanto per fare un nome). Per loro vale un discorso un po' diverso, certo, ma i grandi club li fanno grandi uomini, o no? E poi perché cantavi a squarciagola: «Koopmeiners non andare via»? Questo almeno avresti dovuto risparmiarcelo: non ci sono soldi che tengano a fronte di una cattiveria del genere fatta a spese di gente che la notte del 22 maggio si sarebbe buttata nel fuoco per te.

Anche a causa delle scelte di Koopmeiners, la sfida di Supercoppa contro il Real Madrid era partita sotto i peggiori auspici. Hai voglia a dire «l'importante è esserci», per noi tifosi l'importante è vincere («La finale la si gioca per vincere» ha detto Velasco a proposito delle sue meravigliose ragazze del volley prima della sfida per l'oro olimpico). Ma come poteva risultare possibile per noi anche solo sperare, senza Koopmeiners, Zaniolo, Scalvini e adesso anche Scamacca?

A proposito, non sono un po' troppi questi infortuni così gravi e così vicini l'uno all'altro? Un po' ci si mette la cattiva sorte, siamo d'accordo, e l'esigenza di giocare ogni tre giorni quando campionato e coppa si sovrappongono, e a ritmi altissimi; e se non bastasse, anche l'avere un impegno così importante subito dopo la pausa estiva e prima del campionato.

Tutto vero, ma la rottura dei legamenti in allenamento o in amichevole deve far riflettere. I legamenti soffrono al punto di spezzarsi quando i muscoli non sono preparati a reggere la fatica, ma anche, paradossalmente, se lo sono troppo, o se ci sono problemi di concentrazione (nulla di peggio per la salute di un atleta che sentirsi forte e quasi invincibile). E poi perché incidenti così gravi sono molto meno frequenti nella pallacanestro dove si gioca e si corre con la stessa intensità e legamenti e muscoli sono sollecitati anche di più? E non parlo naturalmente degli incidenti di gioco, ma di quelli che chi gioca si procura da solo.

Koopmeiners e Touré si dichiarano stressati: non sarà invece che hanno paura di farsi male? Se fosse così la preparazione atletica e forse anche l'intensità degli allenamenti andrebbe ripensata. O no? In tutto questo, in vista del Real, a me pare che l'unico stressato sarebbe dovuto invece essere Gasperini, che fino a poche settimane prima pensava di giocarsela con un certo organico e poi di colpo deve cambiare mezza squadra. Va bene che lui si è sempre inventato qualcosa, ma questo intreccio di circostanze sfavorevoli sarebbe stato troppo anche per Trapattoni, forse.

Ed ecco che arriva il grande Real Madrid. Quanto a me sono in Grecia: stessa spiaggia, stesso mare, stessa taverna tifosa del Psg e anche stesso tavolino e stessa sedia, davanti a un maxischermo che non sarà come quello del piazzale degli Alpini, vicino alla stazione di Bergamo, ma per gli standard di qui è grande abbastanza. Per quei marziani sarà un allenamento, da prendere neanche troppo sul serio, e noi? Gasperini fa quello che può con chi gli è rimasto: fra i pali comunque l'immancabile Musso; in panchina invece c'è un ragazzo che pochi mesi fa ha parato due rigori di fila, tirati da Pinamonti; impresa che non riesce quasi mai a nessuno (salvo una volta al nostro Sportiello, e poi un paio di altre volte in tutto, ma di quelle non ho memoria); il mio solito amico, quello che ci capisce, mi spiega che se si vuole vendere Musso almeno al prezzo di costo – oddio che brutto modo di esprimersi, non è mica un detersivo! – bisogna farlo giocare. D'accordo, ma proprio col Real? Così lo vedono tutti, ma proprio tutti, in tutto il mondo; siamo sicuri di fargli un favore?

Poco dopo il fischio d'inizio, proprio dove sono io, ecco arrivare uno stuolo di milanesi, invadenti e cafoni. Lanciano uno sguardo allo schermo, vedono che si tratta di Real Madrid-Atalanta, e sentenziano con sufficienza, spalle allo schermo: «Come si fa a tifare Atalanta?». Sono lì, sempre spalle allo schermo, seduti a un grande tavolo a venti centimetri da me: che faccio, reagisco? No, sto zitto, che fra l'altro è la cosa che mi riesce meglio. «Porta bene» penso fra me e me e vivo tutto il primo tempo con l'idea che l'Atalanta potrebbe segnare e io saltare in piedi con le braccia alzate e i milanesi ammutoliti come quella volta, quella del «fateci le case». E per come si è giocato il primo tempo sarebbe anche potuto succedere, ci è mancato davvero poco. I nostri (quelli che c'erano) hanno dato tutto quello che avevano e hanno speso moltissimo, non poteva durare. Però è servito a capire, se ce ne fosse stato bisogno, che almeno per quarantacinque minuti possiamo tenere testa alla squadra più forte del mondo e provare pure a segnare senza scoprirci troppo. «Siamo usciti più forti di prima» scrive Pietro Serina sul *Corriere*: giusto, giustissimo; purché alla prima partita che viene – quella col Lecce – non si debba essere ancora lì a dirci che «l'Atalanta è così».

Qualcun altro mi ha chiesto come ho conciliato la passione per il calcio con il resto della vita. Una parte di me è del tutto emotiva e l'altra inevitabilmente razionale... Il cervello dell'uomo è fatto di tante aree che qualche volta comunicano, altre volte no. Cosa direi a Iličić per rassicurarlo? Che come lui si gioca solo in Paradiso (deve averlo scritto sempre Pietro Serina) e che si ricordi del 7 a 0 al Torino con tre gol suoi. Uno, quello da centrocampo, che nessuno avrebbe saputo fare. Forse Pelé.

Ormai i tempi in cui l'Atalanta perdeva (quasi) sempre con gli squadroni sono lontani. «Quasi» vuol dire non sempre-sempre, però. I cronisti sportivi, quelli degli altri giornali, non certo quelli di Bergamo, ci dicono «orobici». Non mi piace e, a dire il vero, non mi piace nemmeno la definizione di Dea. Anche se gli dèi, quelli dell'Olimpo, la loro «dea» l'hanno aiutata col Psg in un modo persino imbarazzante: i francesi arrivavano in porta e poi, chissà come, sbagliavano sempre, si sono «mangiati» almeno sei gol. A un certo punto però Gasperini, che vuole sempre stupire e ha quasi sempre ragione, ha esagerato. Negli ultimi minuti toglie Zapata e mette un certo Jacopo Da Riva, un ragazzo della Primavera che aveva una mezza presenza in serie A. È troppo, gli dèi (come ebbe a scrivere Davide Ferrario) si scocciano e l'Atalanta, lasciata sola, perde nel giro di tre minuti…

Eh già, ma «l'Atalanta è così».

Giuseppe Remuzzi (Bergamo, 1949) è un medico italiano, specializzato in ematologia e nefrologia all'Università di Pavia. Unico italiano membro del Comitato di redazione delle riviste *Le Lancet* e *New England Journal of Medicine* e, in base all'*H-Index*, uno dei più importanti ricercatori. Dirige l'Istituto di ricerche farmacologiche Mario Negri Irccs. Dal 2019 è membro del Consiglio Superiore di Sanità. Con un approccio innovativo le sue ricerche hanno permesso di aumentare il numero dei trapiantati. È Commendatore della Repubblica italiana e Cavaliere di Gran Croce. È socio dell'Accademia del Lincei e editorialista del *Corriere della Sera.*

Ho già vinto perché tifo Atalanta

di Gigi Riva

Persino al trentesimo del secondo tempo, quando Ademola Lookman aveva eseguito il suo terzo gioco di prestigio «la palla è qua, no è qua» e i difensori del Bayer Leverkusen l'avevano rivista solo in fondo alla loro rete, persino allora ero rimasto immobile sul divano di casa. Non un urlo, nemmeno un pugno stretto, nulla. E ripetevo a me stesso: calma, è ancora lunga. La logica suggeriva che ormai, dai su, era fatta. Mancava un quarto d'ora ed eravamo avanti 3-0 contro i campioni di Germania nella finale dell'Europa League, l'inerzia della partita era dalla nostra parte, sugli spalti sentivo che erano già partiti i cori. Eppure, le troppe finali perse, la maledizione degli ultimi minuti, i tedeschi noti per i recuperi prodigiosi alimentavano un irrazionale pessimismo. Proprio in me, che mi considero un figlio della Rivoluzione francese e sono un tenace assertore del primato della ragione, aveva fatto breccia la scaramanzia, quanto di più aborrito. Questo potere ha l'Atalanta.

La giornata del 22 maggio 2024 era stata tutta consacrata a una sorta di ritiro personale, come fosse una comunicazione telepatica con la squadra lassù a Dublino. Scartata l'idea di andare in Irlanda per il precedente della finale di Coppa Italia persa con la Juventus vista dal vivo che non aveva portato bene. Scartata la visione con amici nerazzurri per il ricordo di tristezze collettive accumulate tra Champions – la semifinale mancata per i due gol presi a tempo scaduto dal Paris Saint-Germain –, altre Coppe volate via all'ultima curva con la solita Juve e con l'errore arbitrale che favorì la Lazio. Squillava il telefono per proposte dell'ultimo minuto di birra e patatine a casa di qualcuno e l'invariabile risposta era no. Con l'alibi, peraltro vero, che ero a Roma per lavoro. Chiamarono anche dalla capitale: «Dai, che bella coincidenza, vediamola insieme!». No grazie. Il 22 maggio era una questione intima tra me e la Dea. Avevo passeggiato per le strade eterne dell'Urbe senza una meta, come se essere in un altrove vuoto di bandiere nerazzurre favorisse la concentrazione. La gente attorno inconsapevole dell'evento era l'ambiente migliore per perdersi nei propri pensieri, anche quelli non condivisi da me stesso. Si avvicinava l'ora e c'era chi neanche lo sapeva, come era possibile? Be', saggezza avrebbe voluto che mi chiedessi come era possibile che una partita di calcio condizionasse il mio umore e a lei fossero dedicate tutte le mie energie.

L'unico appuntamento che non avevo potuto declinare era un ricevimento Mondadori in occasione di una presentazione del Premio Strega. L'ultimo mio libro era uscito da dieci giorni e l'editore mi aveva caldamente invitato a esserci. Era alle 18.30, dunque c'era tutto il tempo e non dovevo inventarmi la pietosa bugia di un'influenza improvvisa. Sotto la camicia avevo indossato la maglietta della Dea e avevo curato che fosse nerazzurro il resto dell'abbigliamento: pantaloni blu, giacca nera. Non avevo considerato che certe occasioni quasi mondane si trascinano a lungo. Ero incastrato a un tavolo in una discussione sui nuovi gusti letterari e la prevalenza del femminile tra il meglio della produzione contemporanea. Argomenti in altri momenti appassionanti, ma l'orologio correva impietoso verso il limite massimo che mi ero dato. Mi alzai di colpo e dichiarai che purtroppo eccetera eccetera. Mi chiesero quale fosse questo impegno irrinunciabile. Risposi secco: l'Atalanta. Non sono sicuro che abbiano capito, anzi sono certo di no se ripenso agli sguardi attoniti che hanno accompagnato la mia dipartita. Uno scrittore che preferisce il calcio a una cena tra intellettuali!

Dall'Auditorium di Roma, dove mi trovavo, ci vogliono venticinque minuti a piedi per arrivare a casa mia in viale Giulio Cesare, stesso nome della via dove sorge il Gewiss, e ditemi se non è un segno. Li avevo camminati immaginando cosa stessero facendo i miei meravigliosi undici che erano stati capaci di eliminare nei quarti di finale il Liverpool. Roma era in quell'ora del giorno in cui fa meno la stupida, tra la fine del lavoro e l'inizio della movida. Nessun segno di sabato del villaggio, di attesa di qualcosa di grande. Non siamo tutti alla stessa ora sull'orologio del destino. Pensai a mio figlio Tito, tifoso giallorosso, che avrebbe desiderato una finale padre-contro-figlio o viceversa a Dublino e per il quale era una serata anonima di pallone guardato senza quell'ansia che serra lo stomaco, quel tempo sospeso ed eccitante, comunque vada, rispetto al tran-tran usuale delle incombenze quotidiane. L'Atalanta mi aveva regalato una giornata particolare di adrenalina straordinaria.

Non avrei mai pensato che si trattasse, se mi si passa l'ossimoro, di adrenalina atarassica. Presi l'ascensore, entrai in casa, accesi la tv, mi sedetti sul divano ed entrai in una dimensione di totale distacco come se volessi evitarmi di soffrire. Troppe volte la squadra aveva fallito l'ultimo passo, era inciampata all'ultimo ballo, come se ci fosse un gradino troppo alto da scalare per toccare la gloria, un soffitto di cristallo impossibile da infrangere. C'era l'esempio fresco della settimana prima in Coppa Italia, la Juventus fece gol e si capì immediatamente che non avremmo mai pareggiato anche se la partita fosse durata sei ore. Così andò.

Lookman come un furetto rubò il tempo al difensore e fece 1-0. Era solo il dodicesimo minuto e commentai tra me e me: troppo presto. Il gol non fu accompagnato dalle urla negli appartamenti vicini come solitamente succede per le squadre romane o per la Nazionale. Casa mia è un'*exclave* bergamasca piantata nel cuore della capitale. Con gli occhi vedevo la nostra superiorità conclamata. Gli invincibili tedeschi, che non avevano mai perso un match in tutta la stagione, annichiliti. Il cuore mi suggeriva che era davvero la volta buona, ma era il cervello a dominare e frenare gli entusiasmi. Ero stupefatto da me stesso, io che ero noto per perdere il senno durante gli incontri della Dea non riuscivo a lasciarmi andare ora che l'incredibile stava diventando vero.

Quando Lookman raddoppiò con un eurogol era solo il ventiseiesimo. Il telefonino, naturalmente sul silenzioso, cominciò a illuminarsi per l'arrivo di decine di messaggi di complimenti giunti da dovunque. All'intervallo usai il copia incolla per rispondere a tutti con la stessa frase: «Calma, è ancora lunga». Parafrasavo a mio uso e consumo la massima del grande Vujadin Boškov: «Partita è finita quando arbitro fischia». In realtà non c'era partita. Loro tenevano la palla al piede per un tempo infinito ma senza sapere che farne, noi appena la conquistavamo filavamo dritti verso la porta creando pericoli a ogni azione. Davvero non ci si poteva credere che fosse così facile. O meglio che Gasperini e i suoi ragazzi l'avessero resa così facile. Il terzo gol di Lookman degno del miglior Leo Messi, il suggello dell'impresa, fu tale per me solo a posteriori, perché non cambiò la mia postura. Proseguivo nel mio mantra. Finché un mio amico, Massimo Rocchi, un attore di fama internazionale, teatri sold-out in Germania, Francia, Spagna ma poco conosciuto in Italia, verso l'ottantottesimo mi chiamò dalla Svizzera fintamente scocciato: «E smettila Gigi con 'sto è ancora lunga, basta su». Avevo evidentemente esagerato, e me ne resi conto. Abbandonai le remore e finalmente diedi sfogo ai sentimenti che, nemmeno volontariamente, avevo represso. Aprii le finestre e gridai a tutta Roma scandendo bene e forte perché fosse chiaro: «Cam-pio-ni d'Eu-ro-pa!». Poi mi gustai il post-partita, le foto che arrivavano da Dublino, prima fra tutte quella di Giorgio Gori e Nando Pagnoncelli. Vidi la Bergamo ubriaca e pazza come mai. Realizzai che quello era il primo trofeo nella mia carriera di tifoso e c'erano voluti sessant'anni. È una frase fatta sostenere che ne è valsa la pena aspettare tanto. Suona consolatoria. Per l'unico precedente, la Coppa Italia del 1963, non avevo ancora la ragione calcistica. Avevo quattro anni e in famiglia nessuno era appassionato, tranne mia nonna. Furono le scuole elementari la prima palestra della passione sportiva. Avrei dovuto contare da allora otto retrocessioni in serie B, una in serie C, le resurrezioni corrispondenti, una semifinale di Coppa delle Coppe, cinque finali di Coppa Italia (tutte perse). Ma l'epica del tifoso non si cura della contabilità. C'è un detto dei romanisti che mi piace mutuare: «Io ho già vinto perché tengo per l'Atalanta».

Nei favolosi anni Sessanta, a Nembro, il paese dove sono nato, non era affatto usuale l'assioma «bergamasco dunque atalantino». C'era, è ovvio, un senso di appartenenza annacquato da un sentimento internazionalista diffuso, anche perché quella era la *vague* politica del tempo, al contrario di quanto sarebbe successo poi con il primato della radice identitaria. Era più facile incontrare milanisti, interisti, juventini e la Dea, ancora non definita tale all'epoca, spesso era la seconda squadra, nonostante il primo trofeo in bacheca, la Coppa Italia della tripletta dell'*enfant du pays* Angelo Domenghini, il Lookman di allora. Di solito sono i successi a creare fidelizzazioni, ma le milanesi vantavano le Coppe dei Campioni e la Juventus gli scudetti.

L'Atalanta era minoranza, però rumorosa, più folcloristica, più simpatica e persino più estrema nella fede. L'Atalanta era «ol Finass», il Finazzi, il leader incontrastato del club del paese, uno che non lo potevi vedere senza una bandiera, una coccarda, un cappello comunque nerazzurro, indaffarato a diffondere il culto come se fosse un missionario, uno che piangeva alle sconfitte e si faceva andare di traverso la settimana finché non ci sarebbe stato riscatto. Narra una leggenda che gli fossero anche cresciute le stimmate una volta che, per appendere uno striscione alla balaustra della curva nord del Brumana, si era lacerato entrambe le braccia per il filo spinato che divideva gli spalti dal campo. Erano, le stimmate, il segno di riconoscimento del sacerdote «dell'ultima rappresentazione sacra», il calcio nel giudizio di Pier Paolo Pasolini. L'Atalanta era, in modo più sofisticato, il Massimo Pandini, figlio del medico condotto, poi medico condotto a sua volta, che vantava di esserci stato, lui, alla finale di San Siro della Coppa Italia, anche se aveva solo otto anni. I genitori avevano ceduto ai suoi capricci e lo affidavano «al Giodes», al Giudici, che sul pullman delle trasferte se lo portava ovunque, gli faceva da chioccia e gli insegnava miti, riti e simboli degli ultras. L'Atalanta era «ol Paceco», difficile scinderlo dal suo motorino o dalla sua bicicletta con cui raggiungeva lo stadio ed era convinto di dare così tanto alla causa da essere legittimato a parlare con il presidente per consigliargli l'allenatore, con l'allenatore per suggerirgli la formazione, con i giocatori per spiegare loro come dovevano muoversi in campo. Secondo lui gli davano retta, noi pendevamo dalle sue labbra e non mettevano in discussione quella che più tardi ci sarebbe apparsa come una innocua, temeraria e tenera millanteria.

Questi personaggi, poco più grandi di noi, ci trasportavano in un mondo fantastico, persino esotico. Il confine con Alzano Lombardo erano le Colonne d'Ercole, Bergamo un sogno, il Brumana la nostra Africa. Con un azzardo che rappresentava la trasgressione massima, decidemmo con alcuni amici di andarci in bicicletta per vederlo almeno da fuori. Dentro apparteneva a un periodo ipotetico del terzo tipo o dell'irrealtà. Eravamo così poveri da non potercelo permettere, né in famiglia sarebbe stato sopportato quell'inutile, a detta dei genitori, spreco di soldi. La meta ambita era ovviamente la curva nord, il fascino dei tamburi rullati, dei capi che lanciano i cori, di migliaia di torsi nudi anche d'inverno come se mostrare i muscoli equivalesse a una laurea nella graduatoria di attaccamento alla squadra. Un universo mai visto di persona, ma tramandato nel racconto orale. Tornammo eccitati, ma qualcuno ci aveva notati, aveva riferito, e ci sorbimmo la ramanzina domestica seguita da una punizione. Tuttavia ne era valsa la pena.

La domenica c'era la dottrina all'oratorio, sopportata perché esattamente alla fine della lezione del prete cominciava *Tutto il calcio minuto per minuto* e ci si accalcava attorno a una radiolina. La suspence era garantita meglio che in un film d'azione. Quando si inseriva un radiocronista e si sentiva in sottofondo il brusio di un gol dal campo collegato dove giocavamo noi, era come se il cuore si fermasse. Chi avrà segnato? Noi o loro? E se eravamo noi…

Non ho ricordi particolari della mia prima retrocessione, annata 1968-69, se non che arrivammo ultimi e che in coda al campionato, anche se era ininfluente, ci fece gol Gigi Riva, cosa che provocò l'ilarità generale per via dell'omonimia che avrebbe segnato poi la mia intera esistenza. Avevo dieci anni e il calcio ormai dettava il ritmo del tempo, della settimana, del mese. Non solo durante il campionato. Quell'estate ero andato in colonia in Romagna e ogni giorno, manco fossi una star, avevo posta. Era il mio amico Giampietro che mi inviava i ritagli dei giornali locali per aggiornarmi sulla campagna acquisti. Il risarcimento del 1970-71 con il ritorno nella massima serie dopo gli spareggi con Bari e Catanzaro attorno alla data del mio compleanno lo giudicai il regalo più bello. Eppure, se devo essere sincero, il momento di massima comunione adolescenziale con la mia squadra è legato a una sconfitta; e magari fosse stata una gloriosa sconfitta. Ma è nei momenti bui che si misura la fedeltà a una causa.

Correva la stagione 1972-73. Il mio esordio in curva coincise con quello in campo casalingo di un diciannovenne del vivaio che sarebbe diventato campione, Gaetano Scirea, che da subito fece stropicciare gli occhi con un'uscita elegante a testa alta e palla al piede dalla propria area in un'Atalanta-Napoli. Arrivammo con cinque punti di vantaggio sulla zona retrocessione a tre giornate dalla fine e sciupammo tutto in uno sciagurato finale di sconfitte. Ultima partita con il Vicenza in casa, sarebbe bastato un pareggio. Perdemmo 1 a 0 con autogol di Vianello. Loro salvi, noi in purgatorio. Non so come riuscii a sentire in quella bolgia l'allenatore Giulio Corsini che urlava a squarciagola: «Vianello, Vianello, là, là» indicandogli la posizione esatta da prendere. Lo stopper colpì di testa all'indietro e indirizzò la sfera nella propria porta, imparabile. Ancora oggi risento il silenzio di uno stadio intero. Sì, fa parecchio rumore il silenzio della folla. Per giorni andai avanti a ripetere con chiunque quel «Vianello, Vianello, là, là», come se volessi sottolineare il privilegio di essere stato testimone del consiglio estremo seguito dalla beffa, e l'essere stato testimone diretto di quella *débâcle* mi obbligasse a essere ancora di più atalantino.

La traversata nel deserto della serie B durò quattro anni che coincisero, salvo uno, con le superiori, liceo classico Paolo Sarpi in Città Alta. Bergamo non era più l'Africa, ma consuetudine quotidiana. E dovunque inciampassi c'era la Dea. Scoprii che la squadra fu fondata proprio da cinque studenti del Sarpi nel 1907 e la chiamarono con il nome di un'eroina della mitologia greca, ninfa secondo alcune fonti, per noi senz'altro promossa a Dea. In classe, prevalenza nerazzurra, a imitazione di quei benemeriti capostipiti. Un Franco Zadra quasi ultras nonostante le origini trentine, un Roberto Micheli che dal suo appartamento in via Suardi poteva sentire il rombo da stadio. Un Nando Pagnoncelli che lo stadio lo aveva praticamente in salotto visto che abitava su viale Giulio Cesare a ridosso della curva sud e nel piazzale antistante, da bambino, scambiava due palleggi con i calciatori dopo l'allenamento. Andava così quando i calciatori non erano ancora star da rotocalco rosa e conti in banca a sei zeri e oltre (in euro).

Contemporaneamente era successo che un amico d'infanzia di Nembro, Daniele Filisetti, fosse stato scelto per le giovanili dell'Atalanta, diventando di colpo il soggetto del desiderio delle ragazze, invidiato dai coetanei, blandito dagli adulti, orgoglio di un paese intero. Senza dubbio il più dotato fisicamente, anche il più caparbio e desideroso di farcela. Pur se tecnicamente il Giampietro dei ritagli di giornali spediti in colonia forse gli era superiore. Ma il Giampietro non aveva la stessa voglia, fumava persino e i sacrifici dell'atleta non erano per lui. Siccome c'era una selezione al campo Utili sempre per le giovanili della Dea, partimmo in molti per provare a imitare Daniele. Giampietro ebbe sfortuna, durante la sua esibizione l'allenatore era girato a parlottare e non poté apprezzare le sue doti. Io ero andato solo per stare in compagnia, avevo due piedi che nemmeno in Terza categoria, ma me la cavavo in porta. Superai incredibilmente due provini prima di essere bocciato. Fine dell'avventura. Anche se fu forte l'emozione di ricevere la cartolina su carta intestata Atalanta che mi convocava. La vicenda di Daniele e Giampietro ci insegnò qualcosa circa il primato della volontà sul talento. Del resto, Albert Camus, lo scrittore e portiere, lo aveva certificato: «Tutto quello che so della vita l'ho imparato dal calcio».

Si fa presto nell'adolescenza a crearsi dei miti. Anche se non sono super come Scirea, basta che vestano la maglia giusta. Un Doldi che per un pugno di gol di testa diventò «testina d'oro». Un Adelio Moro che avrebbe meritato miglior carriera, seppur la sua non è stata male. Un Vernacchia per due dribbling sulla fascia da sembrare brasiliano. Un trio Bonci-Pirola-Pellizzaro perché venivano bene nella scansione dello slogan. Uno Scala perché inventava ciò che gli altri nemmeno immaginavano. Tutti i ragazzi saliti dal vivaio perché prodotti genuini, perciò più coccolati.

La sera andavamo al bar Undici di via Broseta, non per caso. Lo scegliemmo attratti, oltre che dal nome, dai «nostri» colori. Il titolare, Livio Bresciani, era stato un fondatore di «Atalanta Commandos» e fu subito un fratello maggiore. Nelle lunghe sere e notti d'estate, tra fidanzatine e zanzare, bevevamo i suoi racconti di epoche in cui non c'eravamo, conoscemmo i pionieri del tifo organizzato. Livio ci aveva adottato, era prodigo di dettagli che rivendevamo come fossimo i custodi del sapere. Fu un lutto quando chiuse il locale, aprì un negozio di frutta e verdura in via Masone, scalò le gerarchie del commercio, cessò di frequentare la curva. Mai dimentico tuttavia di quanto era stata bella la sua gioventù nel cameratismo e nei legami consolidati dallo stadio.

La prima trasferta ebbe il sapore delle cose prime, appunto, a cui siamo affezionati come alle cose ultime. Le prime e le ultime: quelle che si ricordano di più quando si fa un consuntivo. E fu una trasferta per una partita inutile ma piena di significato. Avendo battuto il Cagliari eravamo già promossi in A, con il Pescara sarebbe stata solo festa. E vuoi mancare a una festa? In campo i due personaggi simbolo, il bambino Pierino Fanna, già destinato alla Juventus, e il nonno (calcisticamente parlando) Pier Luigi Pizzaballa, «Gattaccio Pier Luigi», la figurina introvabile della collezione Panini, agli scampoli di carriera. Più del match fu antologico il viaggio in pullman, l'invasione di campo finale con gli occhi lucidi e la voce roca a forza di slogan, il ritorno dalla gita tra vino e salame.

Il 1979-80 raddoppiò la passione. All'Atalanta si aggiungeva Daniele Filisetti, convocato per il ritiro estivo. Un compagno di zingarate passava, *ipso facto*, nel catalogo degli eroi da stadio. In qualche modo li demitizzava perché nessuno è signore per il proprio maggiordomo. In altro senso elevava lui a simbolo, a esempio di dove può condurre la tenacia, l'abnegazione, il sacrificio. Mai una volta, quando stava tra gli allievi o nella primavera, che Daniele abbia trascorso con noi un sabato sera se l'indomani doveva scendere in campo. Mai una volta che avesse assaggiato, non dico uno spinello, ma una sigaretta. Mai una volta che avesse ecceduto con il vino, che peraltro gli piaceva. Nelle gerarchie adolescenziali il riuscire nello sport stava al primo posto, assieme alla virilità, alla forza fisica, al coraggio. Il resto veniva dopo. Daniele ce l'aveva fatta, era riuscito a trasformare il gioco in professione. E non si sentiva affatto arrivato, semmai era un punto di partenza. Nel frattempo io ero stato assunto, pure giovanissimo, al *Giornale di Bergamo* e decidemmo di festeggiare il duplice successo con un viaggio di pochi giorni sulla Riviera Romagnola. Io e lui in tenda, in un camping spelacchiato con alberi alti al massimo un metro che non facevano ombra. A poche centinaia di metri di distanza il suo compagno di squadra Angelo Zambetti e il mio collega giornalista Titta Pasinetti (se ne è andato troppo presto, mai sufficientemente compianto), nell'albergo della moglie di Antonio Cabrini. La divisione palesemente classista non la vivevamo come una diminuzione. Orgoglio nembrese, consapevolezza del valore del risparmio in lui rimasto orfano di padre, in me che non vengo da una famiglia particolarmente agiata.

Daniele andò dunque in ritiro in Trentino. Noi amici euforici, lui con i piedi per terra, incerto se quello fosse un parcheggio che preludeva alla cessione o se sarebbe stato confermato nella rosa. Buona la seconda. Titta Rota, l'allenatore, lo promosse titolare fin dalla prima di campionato in serie B a Bari: sì, avevamo di nuovo fatto il passo del gambero, come usuale in quel periodo. Fu alla quarta di campionato che successe. A *Tutto il calcio minuto per minuto* il classico «Scusa, Ameri» ci riguardava eccome. «Scusa, Ameri, ti interrompo da Pistoia, Atalanta in vantaggio al quarantunesimo con gol di testa di Filisetti.» Seguì una doccia fredda. «A inizio ripresa l'Atalanta ha sostituito Filisetti, l'autore del gol, che si è infortunato.» Fu grande lo stupore al ritorno della squadra a Bergamo (allora non c'erano cellulari) quando vedemmo Daniele perfettamente sano scendere dal pullman. «Ma non stai male?» «Macché, negli spogliatoi mi è venuto in mente mio padre, quanto sarebbe stato felice di assistere al mio primo gol, e mi è venuto un magone tale che non me la sono sentita di rientrare in campo.» Non sarebbe stato un cannoniere, eufemismo, segnò in carriera solo un'altra rete, dall'esecuzione persino comica. Era un acquitrino il Brumana per quell'Atalanta-Cavese. Daniele era all'incirca a metà campo e rinviò il pallone, poi tornò in difesa per riguadagnare la sua posizione e sentì l'intero stadio esplodere: la palla scivolosa era sfuggita alla presa del portiere. «Non ho nemmeno visto il gol che ho fatto», il suo commento. Daniele conserverà l'autoironia e l'umiltà lungo tutto l'arco della carriera che lo porterà anche in serie A con la Lazio.

Ora che siamo abituati al caviale e champagne della Champions, ora che giochiamo a Liverpool, Madrid, Amsterdam e siamo nel vagone di prima classe in Europa, sembra distopico e irreale rivangare con nostalgia un passato al confronto miserabile. Non è, o non è solo, la solita retrotopia che ammanta di bellezza quanto successo quando si era giovani perché si era giovani. Il vero tifoso beve sino in fondo i calici amari, anch'essi parte cruciale dell'essenza della sua passione. Non per caso si dice che si può cambiare moglie ma non squadra di calcio. Troppo facile prendersi il meglio e buttare il resto, troppo facile, anche troppo noioso, stare con chi vince sempre. Prendete la Juventus, che all'ennesimo scudetto di fila contava in piazza San Carlo a Torino poche centinaia di supporter. Essere all'altezza della sconfitta, ecco un insegnamento sottovalutato. È nei rovesci che si impara e si cresce.

Il punto più basso della propria storia l'Atalanta lo toccò nel 1980-81, diciannovesimo posto in B, retrocessione in C, l'unica di sempre, nonostante un organico che nelle premesse avrebbe dovuto lottare per salire in un campionato cadetto nobilitato, si fa per dire, dalla presenza del Milan e della Lazio, punite dal Calcioscommesse. La Terza Divisione significava niente radiocronache, risultati a fine pomeriggio, nessuno spazio in televisione, resoconti solo l'indomani sui giornali, che erano la fonte primaria d'informazione. Al posto di San Siro, l'Olimpico, il San Paolo, stadi di provincia con le tribune incerte, manto irregolare, spogliatoi scrostati. Trasferte a Fano, Rho, Lodi, Sanremo, Forlì. Squadra rifondata con elementi di categoria, alcuni reduci della sciagurata stagione precedente, il gioiello della Primavera Roberto Donadoni che andrà in seguito al Milan a «miracol mostrare». Allenatore il men che quarantenne Ottavio Bianchi in cerca di quel posto al sole che avrebbe poi perfezionato con lo scudetto nel Napoli di Maradona. Per le partite casalinghe ventimila spettatori. Ventimila. La prova più tangibile e insuperata del connubio indistruttibile tra società-città-popolo. Andare all'Atalanta come abitudine ma anche come necessità. Si può perdere a Trento come pareggiare a Monza nel match clou dell'annata, perdere al Brumana con la Rhodense, gioire per l'1-0 con il Mantova che ti rende sicura capolista. Assaporare la gioia del primato non così differente, credetemi, da quanto provato nell'era d.G., dopo Gasperini. Lo sanno bene coloro che calcano i rettangoli di provincia, in paesini sperduti delle valli, quando passano da una terza a una seconda categoria: la soddisfazione è come per la Champions. Il lavoro ben fatto adeguato al proprio livello. Non è misurabile la felicità individuale.

La serie C durò lo spazio di un mattino, e ci fece bene quel bagno di umiltà, perché obbligò a usare uno slogan di altre vicende ben più importanti: «Mai più». Ci sono club che quando scendono finiscono per annegare fino a scomparire dai radar. La solidità societaria, l'indubbia capacità manageriale, la competenza dei tecnici delle giovanili, la persistenza ad alti livelli (e a quei tempi anche la B lo era, era una A2) avevano prodotto il conio per noi dell'appellativo di «regina delle provinciali». Come tale non poteva non risorgere in fretta e in breve toccare di nuovo il massimo campionato. L'oscillare tra A e B era un traguardo, non un punto di partenza. La concretezza bergamasca impediva, come si suol dire, passi più lunghi della gamba. È un'eredità di quel comune sentire la frase che Antonio Percassi, il presidente, si bea di ripetere ogni mese di luglio, non credendo nemmeno a se stesso ma pure lui afferrato dalle sue radici lontane di calciatore in nerazzurro: «L'obiettivo è mantenere la categoria. Raggiungere i quaranta punti e poi si vedrà». Nella divisione in classi che è propria anche del calcio non eravamo l'élite, ma media borghesia senza l'aspirazione all'aristocrazia. Non era previsto l'ascensore sociale, come se la compartimentazione fosse fissa e immutabile, a imitazione del funzionamento della società indiana. In fondo è quanto vorrebbero coloro che cianciano di SuperLega, dove vale un diritto di casta e non sono contemplati gli intrusi. Esattamente il contrario dell'idea liberale tanto a sproposito sbandierata. Il capitalismo sano si basa sull'uguaglianza dei punti di partenza, principio molto rispettato, per esempio, negli Stati Uniti, faro del libero mercato. Oltreoceano nello sport tutte le squadre hanno a disposizione lo stesso budget. E alla fine di ogni campionato chi è arrivato ultimo ha diritto di scegliere per primo il giovane più promettente tra coloro che si candidano a entrare nel professionismo, via via sino ad arrivare al primo classificato che sceglie per ultimo. Così si garantisce l'equilibrio e poi vinca il migliore. Da noi se scovi uno Scirea, un Cabrini, è chiaro che lo dovrai cedere alla Juve degli Agnelli. Un Donadoni finisce al Milan di Berlusconi. Un sistema accettato con rassegnazione, neanche fossero le tavole della legge. Un Verona o una Sampdoria che vincono lo scudetto, un Chievo o un'Udinese che vanno in Champions League sono l'auspicata eccezione alla regola per propagandare l'idea dello sport più bello del mondo, della favola, del miracolo, della palla rotonda e capricciosa guidata dal fato, che può favorire chiunque. Purché poi, chi ha ballato una sola stagione si ritiri in buon ordine per lasciare spazio alle solite big.

Era talmente assodato, quell'andazzo, che anche noi tifosi lo avevamo accettato come inevitabile. Una lacrima per chi se ne andava «dove aveva meritato di andare» e pronti ad accogliere i nuovi: l'importante è la maglia, non chi la indossa. E purché chi la indossa la renda sudata alla fine della partita. Come può pretendere la piccola Bergamo dei centoventimila abitanti di competere con le metropoli? Come può un Achille, un Cesare Bortolotti, un Ivan Ruggeri spendere quanto la Fiat o la Fininvest? Ci si accontentava come fossero altrettanti trofei, e invero con lo stesso gusto, di «mantenere la categoria», di battere il Brescia nel derby più focoso, di superare una nobile «*semel in anno*». Roba da raccontare ai nipotini quella volta che espugnammo San Siro. Si relativizzava per il bisogno di festa. Nemmeno passava per la testa l'idea meravigliosa di sognare in grande. Chi lo faceva veniva preso per matto. Come quel nembrese, non ricordo il nome, che al bar Centrale, una volta visionati i calendari, gettava il giornale sul tavolo e concludeva: «Trenta partite, sessanta punti ed è scudetto». Allora la serie A aveva sedici squadre e la vittoria valeva due punti. Il matto si compiaceva della sua performance, gli astanti scoppiavano in sonore risate, qualcuno gli mollava uno scappellotto. Ma quell'iperbole rodomontesca sottolineava quanto si fosse coscienti che per noi erano sbarrate le porte del Paradiso. E tanto valeva scherzarci su.

Un aperitivo dei succulenti pasti che avremmo gustato a cavallo degli anni Dieci e Venti del nuovo millennio lo bevemmo nel 1987-89. Eravamo in B, e *ridaje*, ma siccome l'anno prima eravamo stati finalisti in Coppa Italia persa con il Napoli che fu anche campione d'Italia, avevamo maturato il diritto di partecipare alla Coppa delle Coppe. Diverse circostanze fortunate aiutarono il cammino europeo. Nei sedicesimi conoscemmo l'esistenza sulla carta geografica di un luogo del Galles impronunciabile: Merthyr Tydfil, e ci perdemmo pure all'andata. Negli ottavi l'Ofi Creta aveva almeno il sapore delle vacanze. Nei quarti il nobile Sporting Lisbona era lo scoglio proibito. La volata di

Cantarutti in contropiede per il gol della qualificazione fu la versione nostrana di *Momenti di gloria*. I supporter nerazzurri dal divano gli soffiavano alle spalle per spingerlo più avanti. Il belga Malines in semifinale richiamò al Brumana quarantamila spettatori e c'è da chiedersi come ci stessero tutti. Otto milioni davanti alla televisione.

Perdemmo. Sipario. Ma il gusto esotico del Nord, del Sud, dell'Ovest del Vecchio Continente, ci trasmise un virus da cui non saremmo guariti. Dea-Europea una rima che dovette aspettare lustri per essere riconfermata, ma che stava impressa indelebile come un marchio nel comune sentire e nel Dna da trasmettere alle future generazioni.

Non vidi dal vivo, colpevolmente, nessuna di quelle partite. Avevo un alibi solido da spendere per chi mi considerava un traditore. Ero diventato inviato speciale del *Giorno* e cominciato a viaggiare fino a duecentocinquanta giorni l'anno. Il 20 aprile 1988, il giorno del Malines, ero però a Bergamo. Impossibile reperire un biglietto. Fu una fortuna. Mio padre Gianni mi chiese, credo per l'unica volta, di guardarla in tv con lui, completamente indifferente rispetto al calcio eppure coinvolto da quell'euforia ambientale che aveva permeato l'attesa di tutta la provincia. Sarà un sacrilegio dirlo davanti all'altare della Dea perché fu la fine di un sogno, ma quelle due ore con lui furono un regalo prezioso che scalda il cuore da quando non c'è più.

Gli impegni di lavoro mi resero un nomade. Dunque praticamente mai allo stadio, la televisione quando era possibile, la radio più facile, talvolta in aree di guerra il risultato appreso il lunedì leggendo l'*International Herald Tribune* che riportava solo il tabellino della serie A, quando la serie A era il campionato più bello del pianeta. Ma fu in quegli anni che compresi cosa significava l'Atalanta per me, per i bergamaschi e sono molti, sparsi nei cinque continenti. Persone mai viste prima e che non avrei mai più rivisto con cui si chiacchierava di Città Alta, di polenta e appassionatamente di Atalanta. Non una squadra di calcio, ma parte fondante dell'identità, una maniera eterodossa per comunicare chi fossi. Ed era una sfida ai miei interlocutori occasionali presentarmi senza la patente di interista, milanista, juventino, romanista come si sarebbero aspettati da un italiano. Parlavo di una squadra che magari conoscevano a malapena. E la soddisfazione nell'apprendere in seguito, talvolta, che ero stato così convincente da indurli a sposare la causa nerazzurra, una sorta di abborracciato ambasciatore dell'atalantinità. Narravo del magnifico Glenn Strömberg dalla bionda chioma sceso dal profondo Nord a insegnare calcio. Ricordavo che erano stati nostri gli Scirea, i Cabrini, i Donadoni, pure se resi celebri da altri colori. Diffondevo, credo, una curiosità originale che usciva dal consueto dei soliti noti in una materia, il calcio, davvero universale e trasversale ai popoli.

A inizio anni Novanta cominciai con le guerre. Croazia, Bosnia. Durante l'assedio di Sarajevo l'Atalanta fu una parentesi settimanale di serenità, una piccola oasi, un respiro, un rifugio. A Sarajevo non c'erano acqua, gas, luce, non era ancor disponibile Internet e nemmeno i cellulari, a largo consumo almeno. Noi giornalisti avevamo una radio portatile che prometteva di diffondere tutte le trasmissioni del mondo in tutti i luoghi del mondo. Non era davvero così, ma pazienza. A noi serviva soprattutto per ascoltare il notiziario della Bbc a ogni ora. Una domenica pomeriggio, esattamente il 7 febbraio 1993, armeggiando con la manopola, ecco che sulla frequenza 6060 delle onde medie, almeno credo, l'episodio è datato, sento la voce di Sandro Ciotti. È *Tutto il calcio minuto per minuto*, tra i campi collegati Bergamo per Atalanta-Juventus. Mi sembrò di impazzire. Chiamai a gran voce Zlatko Dizdarević, il direttore del quotidiano *Oslobođenje* («Liberazione»), nella cui casa abitavo e che mi sembrava avere simpatie gobbe oltre che per il Real Madrid. «L'Atalanta, l'Atalanta.» Erano scomparse le preoccupazioni per le bombe, i cecchini, l'articolo da inviare verso sera. C'era tempo. Vincemmo 2-1, gol decisivo di Ganz. Finite le partite, scomparso il canale italiano. *Tutto il calcio* aveva bucato l'assedio. Ci riprovai la domenica successiva ed ecco di nuovo l'inconfondibile sigla. Era con il Milan, fu un pari, Papin e subito dopo Ganz, come cantava la curva «segna sempre lui». La Rai, capii, all'estero mandava solo la sua trasmissione più fortunata a beneficio degli espatriati.

Era, quella, l'era del primo Antonio Percassi presidente. Molto differente dalla seconda tuttora in corso. Non mi piacevano certe eccessive concessioni al marketing, certi atteggiamenti da Berlusconi minore che non sembravano consone alla nostra storia. Forse Percassi precorreva i tempi. Forse, semplicemente, era troppo coinvolto in altri campi dell'umano intraprendere. Durò poco, lasciò dopo una brutta retrocessione. Tornerà più avanti a riscattare, eccome, se stesso e ad alzare molto più in alto l'asticella della sfida. Ci arriveremo.

Memorabile il 15 ottobre del 1995 per un duello tutto nerazzurro con l'Inter. Nell'albergo dove alloggiavo a Belgrado, capitale di una Serbia che fingeva di non essere in guerra, nessun canale internazionale. Ma a Novi Beograd erano sorti diversi hotel di catene globali e chissà... In uno di questi, una severa signorina della reception rispose che sì, c'era la serie A, ma bisognava essere clienti, prendere una stanza per centocinquanta marchi tedeschi. Valutai che me lo ero meritato e spesi quei soldi per le due ore necessarie. Ne valse la pena. Morfeo pareggiò a pochi minuti dalla fine.

In me era un po' scemata l'adesione alla curva che aveva preso una brutta piega filoleghista con sconfinamenti nel razzismo. Era l'epoca in cui Umberto Bossi aveva sposato il secessionismo e certe posizioni estreme venivano tradotte sugli spalti in eccessi inaccettabili nei modi e sideralmente lontani dal mio modo di pensare. Ci facemmo riconoscere in tutta Italia per la disinvoltura (eufemismo) nell'affrontare gli scontri con le altre tifoserie, soprattutto con i cugini del Brescia. Mi capitò di incontrare il dottor Nicola Cavaliere, già capo della squadra mobile di Bergamo, poi un'importante carriera romana, il quale mi confidò che la fama dei bergamaschi era tale da provocare preoccupazione nelle forze dell'ordine anche quando arrivavano in poche centinaia. Non avevano nessun problema ad affrontare «nemici» anche cinque volte più numerosi. Siccome le nostre reazioni non sono sempre controllabili come si vorrebbe, non nego che provai un po' di ammirazione verso chi dimostrava quel coraggio da leoni. Ma restava predominante, ovviamente, la mia presa di distanza. Non riuscivo a comprendere cosa mai significasse avere una mentalità ultras. Mi sembravano medievali i codici di comportamento, retaggi di epoche strasepolte. La difesa della «pezza», dello striscione, come succedeva nei campi di battaglia con gli eserciti schierati, il trombettiere e, appunto, il portatore del vessillo. Un onore cameratesco con dosi massicce di testosterone da volgerlo in machismo spinto. Il fatto poi che tramutassero lo stadio in un'area dove non vigeva la legge dello Stato e c'era la pretesa di imporre un diritto diverso, in odore di tribalismo, mi sembrava una regressione rispetto al cammino della civiltà. Eppure, persone che godono della mia massima stima, come l'artista Andrea Mastrovito, declamano i pregi della curva, sostengono che è stata una scuola di vita, perdonano gli eccessi in nome dell'empatia cameratesca e del tanto bene diffuso grazie alle iniziative di solidarietà sociale. A posteriori le curve, con le loro antenne ben innestate nella società, sono state il sismografo che ha segnalato i cambiamenti sociali. La nord fu di estrema sinistra negli anni Settanta e la famosa retata del terrorismo bergamasco portò i poliziotti fuori dal Brumana per catturare alcuni degli imputati. La fase leghista coincise con la fine delle ideologie, l'inizio della globalizzazione e la conseguente paura di essa sfociata nella chiusura clanica e protezionista. In questo senso i vari gruppi ultras offrivano ai giovani un'alternativa di impegno ai partiti tradizionali ormai defunti. Come che fosse, e nonostante la mia presa di distanza, non potevo non ammettere che quei ragazzi, nel campo del tifo, facevano parte del mio stesso album di famiglia. Certo non avrei mai preso un «Bocia», al secolo Claudio Galimberti, eroe eponimo degli ultras, come un modello, pur se eravamo uguali davanti alla Dea.

Il mio destino continuava a essere altrove, impegnato laddove infuriavano i conflitti, non più i Balcani ma il Medioriente. Un telefono di fortuna per chiamare qualche amico e conoscere almeno il risultato, le cronache delle partite lette l'indomani. La visione dei match una chimera. E le poche volte che succedeva, quegli incontri diventavano parte della mia epica personale. Ciascuno di noi si costruisce la sua. Per me è scolpito un Torino-Atalanta 2-2, un lunedì, posticipo di serie B tra le due squadre che stavano dominando il campionato assieme al Catania. Ero a Gerusalemme, piena seconda Intifada, o Intifada dei kamikaze. Impossibile immaginare di guardarla finché incontrai Alberto Stabile, il corrispondente di *Repubblica* da Israele. «Che fai stasera, Gigi?» «Starò in camera, in albergo, all'American Colony in attesa che finisca la partita e di chiamare qualcuno per sapere come è andata.» «Vuoi venire a vederla a casa mia? Invito qualche altro collega, cucino del pesce fresco che ho appena comprato e ce la guardiamo.» «A casa tua?» «Si c'è un canale francese che trasmette via satellite la nostra serie B.» Continuavo a essere scettico però... Alberto dovette armeggiare a lungo con i telecomandi, finché il miracolo avvenne. Ed eravamo in effetti nel posto giusto per i prodigi. Il telecronista francese disse letteralmente: «L'Atalanta di Bergamo, uno dei club più prestigiosi d'Italia». Per tutta la sera usai quell'encomio per sfinire i presenti, in maggioranza milanisti. Successe di tutto, vantaggio loro su rigore, un pari sudamericano con tacco di Ventola che raddoppia. Dopo un parapiglia, doppia espulsione e restiamo in nove. I granata pareggiano, l'arbitro Farina ci nega un rigore clamoroso. Finisce pari con una sensazione di ingiustizia.

Nel cuore ho soprattutto un Atalanta-Empoli 0-0 di nessuna emozione. Era il 20 settembre 2006 ed eravamo tornati nella massima serie. A fine luglio, mentre ero sul confine tra Israele e Libano per l'ennesima guerra tra i due Paesi, ricevetti alle cinque del mattino una telefonata da mio fratello Carlo: «Se puoi, torna. Papà è in ospedale ad Alzano Lombardo, può essere che non ce la faccia». Rientrai, mio padre superò la crisi, *L'Espresso* per cui lavoravo mi permise di rimanere ad assisterlo lavorando da Nembro e sarò per sempre grato alla mia direttrice Daniela Hamaui per avermelo permesso, anzi suggerito. Quel 20 settembre, a papà mancavano solo diciotto giorni prima che ci lasciasse. Se ne sarebbe andato il giorno del suo anniversario di matrimonio. Vedendomi da diverse ore al capezzale mi propose: «Ma non gioca la tua Atalanta stasera? Perché non ci vai? Torni dopo». Ero titubante, quell'offerta suonava come l'ennesimo atto d'amore nei miei confronti, il genitore che non pensa a sé ma a quello che può piacere al figlio nonostante le sue condizioni. E forse mi meritavo una pausa da quella agonia. C'era il problema del biglietto: alla partita, serale, mancavano due ore. Ci provai. Chiamai Sergio Carrara, responsabile della comunicazione della Dea, conosciuto al Sarpi. Gli spiegai, mi trovò un posto. Al fischio finale tornai in ospedale. «Ti sei divertito?» «Sì, papà.»

Nel 2011 mio figlio Tito aveva nove anni ed era nerazzurro. Avrei commesso poi l'errore di portarlo troppe volte all'Olimpico per Roma-Atalanta. Giocava ancora Totti e le magie del Capitano furono per lui un'attrazione fatale. Si risolse verso i quindici anni a confidarmi l'inaccettabile: «Sono romanista». Promisi di diseredarlo, sarebbe andato tutto a sua sorella minore Greta. Cercò di limitare i danni: «... la Dea è la seconda squadra». Sì, va be'.

Ma questa è un'altra storia. Torniamo al 2011. Con Tito ancora sulla retta via. Aveva completato l'anno scolastico con ottimi risultati. Gli avevo domandato che cosa volesse per regalo. Rispose: «Andare un giorno al bagno I figli del Sole di Cervia di Cristiano Doni. Lo voglio conoscere, mi dicono che l'estate è sempre lì». Non era difficile. La mia vita in quell'epoca era scissa tra Bergamo, Roma – dove avevo l'ufficio – e Santarcangelo di Romagna, paese d'origine di mia moglie e dove stavano i miei figli. Affare fatto. Il primo giugno scoppiò lo scandalo del Calcioscommesse. Da subito mi parve inequivocabile la colpevolezza di colui che era l'elemento più rappresentativo della squadra. Naturalmente ero preoccupato soprattutto per la già pronosticata penalizzazione, al peggio addirittura la retrocessione dopo una cavalcata trionfale che ci aveva riportato nell'Olimpo (e non saremmo più scesi...). Il mio problema principale era come dire a Tito che il suo beniamino vendeva le partite. A Bergamo montava una campagna innocentista degna di migliore causa, si gridava al complotto, gli ultras organizzarono addirittura un corteo in sua difesa. Io non avevo dubbi: troppo eloquenti le carte che uscivano dalla procura di Cremona per finire direttamente sui giornali, troppo ambigua la sua difesa. Mi risolsi a scrivergli una lettera aperta e la pubblicai nel mio blog sul sito dell'*Espresso*. Qui la riporto.

> Egregio signor Cristiano Doni,
> l'altra sera il mio problema era: come dirlo a mio figlio? Mio figlio si chiama Tito ha nove anni e da almeno quattro porta una maglia col suo nome. La porta, badi bene, non in provincia di Bergamo che sarebbe facile. Ma a Santarcangelo di Romagna dove, converrà, non è semplice essere atalantini. I suoi amici con Del Piero, Ibrahimović, Milito. E lui indefesso a difendere il suo campione preferito, Cristiano Doni, che gli altri nemmeno conoscono. Quando segna un gol fa persino il suo gesto della mano sotto il mento. Un bel modo e anche formativo, ho sempre pensato, di sentirsi minoranza. Pensi, Cristiano (scusi se la chiamo per nome, ma lei per quanto è nominato mi sembra uno di famiglia), che Tito mi ha chiesto come regalo se avrà una bella pagella di venire un giorno nel

suo bagno a Cervia. Non so come, ma ha scoperto che ne ha uno. Non l'avremmo importunata, stia tranquillo, a Tito sarebbe bastato vederla da lontano. Così succede con i miti.

Ora capisce perché avevo un problema, signor Doni. Passi per noi adulti che ne abbiamo viste tante. Io lo so che l'Atalanta c'era prima di lei, ci sarà dopo di lei, e se toccherà di soffrire pene sportive per colpa sua, pazienza: ci sono radici più lunghe. Ma per i bambini non è così, signor Doni. È scritto nel Vangelo di Marco: «Chi scandalizzerà uno solo di questi bambini che credono in me è molto meglio per lui che gli venga messa al collo una macina da mulino e sia gettato nel mare». Non è necessario essere cattolici credenti per condividere la morale sull'esempio da dare ai piccoli, soprattutto se si è degli sportivi. E quanto al mare, io le auguro di goderselo comunque stando comodamente sulla spiaggia.

Io le auguro anche (e mi auguro) che lei sia innocente, signor Doni. Però, in caso contrario, veda di farci un favore, un gesto da campione come quasi sempre è stato in campo. O forse un gesto semplicemente da uomo. Non ci prenda ancora in giro, ammetta tutto e chieda scusa. In questo modo io potrei spiegare a Tito la grandezza del trittico delitto-castigo-redenzione. Lei semplicemente potrebbe riprendere a guardarsi allo specchio.

Doni naturalmente non rispose, anche se credo la lesse. Sicuramente la lessero i suoi paladini. Si informarono su di me, scoprirono che non abitavo a Bergamo ma che a Bergamo c'era mio fratello. Una gola profonda mi avvertì che volevano andare ad aspettarlo sotto l'ufficio dove avevano scoperto che lavorava. Non lo fecero. Mesi dopo, Doni avrebbe confessato le sue colpe. L'Atalanta ebbe la penalizzazione. Il calcio mi aveva sottoposto all'ennesima prova di fede. Continuare a crederci dopo tanta nefandezza. Lo sventurato, io, rispose di sì. Per la mia squadra era un altro momento del bisogno.

L'Atalanta ci bastava anche così, con il suo caracollare incerto tra la A e la B. Era svago, senso, occasione anche di risate e scherzi con i seguaci di un'altra «religione» e con noi stessi. Il più crudele scherzo, credo, lo combinai al mio amico Nando Pagnoncelli. Era martedì, anticipo di un turno infrasettimanale contro l'Inter. Nando era in diretta tv al programma di Giovanni Floris, noto romanista. Mi chiese di mandargli aggiornamenti. Io, perfido, aspettavo che fosse interpellato dal conduttore per inviargli un messaggio, lui rispondeva e contemporaneamente capivo che con gli occhi guardava il telefonino per capire cosa c'era di nuovo. Gli feci credere che, alfine, avevamo perso 3-1, e solo io potevo scorgere sul viso il suo disappunto. Era finita in pareggio. Quando lo scoprì mi chiamò per riempirmi di improperi. In realtà era sollevato, come quando una cattiva notizia non si rivela tale.

L'Atalanta ci bastava anche così. Ancora non sapevamo cosa ci sarebbe toccato in sorte, non dico i sessanta punti in trenta partite di quel tifoso nembrese rodomonte, eppure qualcosa che gli somiglia da vicino. Era tornato alla presidenza Antonio Percassi con un piglio assai diverso dalla prima esperienza e con sé il figlio Luca. Nello *sliding doors* del 2016 volevano un altro allenatore, Rolando Maran, ma non fu disponibile. Arrivò la seconda scelta, Gian Piero Gasperini, accompagnato da qualche mugugno per la juventinità del suo Dna e per il Vangelo che andava diffondendo considerato velleitario, eccessivamente ambizioso. È destino delle avanguardie, dei rivoluzionari, non essere compresi da subito. Come potevamo noi illuderci di poter competere con chiunque, andare all'attacco quando eravamo abituati alla sofferenza delle barricate, incatenati al nostro ruolo di umili pedatori che si dovevano sudare punto su punto la famosa quota quaranta? Gli inizi furono sconfortanti, già il pubblico faceva il pollice verso, la società dubbiosa, la critica feroce. C'è un momento fondante, un bivio che cambia la storia. La nostra fu dirottata dal coraggio che proverbialmente uno non se lo può dare. Gasperini lo ha. 2 ottobre 2016 è la data da circolino rosso. Settima giornata, Atalanta-Napoli. Quando lessero la formazione, i Percassi ebbero un mancamento. Caldara, Conti, Gagliardini, Petagna. Quel matto aveva mandato nella fossa dei leoni mezza Primavera. Se doveva morire, meglio con le proprie idee. Vincemmo 1-0, gol di Petagna. Battemmo l'Inter, la Roma, pareggiammo con la Juve, a quei tempi, un'impresa. Finimmo quarti. Quarti! Spalancammo le frontiere, Chiasso non era più il nostro confine. Essendo terminato il mio peregrinare in giro per il mondo, potevo essere più assiduo allo stadio. C'ero per quell'Atalanta-Everton a Sassuolo il 14 settembre 2017, la prima pietra della conquista d'Europa, un 3-0 secco che ci lanciò in un'altra dimensione. Sempre giocando «alla garibaldina», riverniciando l'appellativo di «Città dei Mille» che campeggia all'uscita dell'autostrada. Una cavalcata a perdifiato che non si sarebbe più interrotta, che dura ancora oggi e di cui, lo so, conoscete ogni tappa. Ciascuno di noi si è scelto *à la carte* i molti campioni transitati in questi otto anni. Citerò i miei tre. Il primo è il fuoriclasse fragile Josip Iličić, mio personale Pallone d'Oro. Riporto qui una lettera che gli scrissi sulle pagine del *Corriere Bergamo* quando finì nel labirinto delle sue ossessioni.

Caro Josip Iličić,
perdoni la confidenza, noi non ci conosciamo, io l'ho vista una sola volta a Zingonia mentre col suo passo ciondolante, le spalle un po' arcuate in avanti quasi a protezione della sua intimità, andava verso il campo di allenamento e osservai, tra me e me, che quella sua nuca piatta era una caratteristica genetica che la identificava senz'altro come appartenente al popolo bosniaco che ho molto amato. In ogni popolo esistono tratti fisiognomici peculiari. Non bastasse, per ogni tifoso atalantino lei è diventato l'emblema di una persona fragile e geniale, da tenere per cara. Da qui la confidenza.
Ho letto del suo nuovo travaglio, del malessere interiore riemerso in un altro momento difficile della comunità a cui ora appartiene, la comunità bergamasca, alle prese con l'ondata di coronavirus più virulenta dopo la prima del 2020. Non voglio indagare oltre. Apprezzo la discrezione e la misura con cui la società la protegge, apprezzo il rispetto e la muta, generale solidarietà. Benché ci manchi, in campo, nessuno

le chiede di essere campione. O meglio, sommessamente le viene chiesto di essere diversamente campione nella battaglia che sta combattendo contro i suoi fantasmi.

Nel ripercorrere la sua storia, mi viene spesso in mente la frase che una donna, una ex desaparecida argentina, violentata e torturata, ripeteva a coloro che volevano raccontasse cosa le era successo: «Di certe cose parlo solo con le mie piante». Questo non le impediva, tuttavia, di guardare al futuro, di avere il futuro nel suo immaginario, nel suo orizzonte possibile.

Lei è nato a Prijedor, nel nord della Bosnia, il 29 gennaio del 1988, fra poco compirà trentaquattro anni. Perse il padre, croato, quando aveva pochi mesi, ucciso da un vicino serbo quando i tamburi di guerra erano ancora una lontana eco all'orizzonte. Sua madre decise di trasferirsi in Slovenia, rifugio di tanti profughi ex jugoslavi. È immaginabile che il fantasma di Prijedor le sia rimasto inciso come una ferita che ancora sanguina e che i suoi successi sportivi non sono riusciti a suturare.

Sono stato nella sua città natale quando il conflitto era ormai deflagrato. C'era un campo di concentramento nella fabbrica di ceramiche Keraterm dove erano stati reclusi dai serbi più di mille musulmani e croati di Bosnia. Si vociferava addirittura che nella fabbrica funzionasse un forno crematorio per bruciare i cadaveri, anche se non sono mai state trovate le prove. Ebbi la sfrontatezza di chiederlo a Radovan Karadžić, il leader politico dei serbi, durante un'intervista. Rispose solo con uno sguardo di odio. A Keraterm era stato anche Fikret Alić, credo che il suo nome le dica qualcosa. È quel giovane denutrito, emaciato, ridotto allo stato larvale che finì sulla copertina di *Time* nel 1992, quando l'Europa scoprì che l'urlo di Primo Levi «Mai più» era stato lanciato invano. Alić sopravvisse ed era all'Aja quando Ratko Mladić, il generale serbo-bosniaco, fu condannato all'ergastolo per genocidio. Esultava perché giustizia era stata fatta.

L'inferno che sua madre le ha evitato fuggendo, caro Josip, l'ha probabilmente rincorsa. Noi non possiamo far altro che inchinarci davanti al suo dolore esistenziale, ringraziarla per le gioie. Si prenda il suo tempo, ne ha tutto il diritto. Noi l'aspettiamo non con l'egoismo del tifoso che la vorrebbe presto con la maglia nerazzurra, ma con l'affetto di chi vorrebbe che rispuntasse sulle sue labbra un sorriso. Sarebbe il segno che non sempre vincono i cattivi se non saranno riusciti a piegare una voglia di vita. Anche questa sarebbe una forma di giustizia. E dipende da lei.

Il secondo è Duvan Zapata, il nostro gigante buono, il ragazzo che tutti vorremmo come amico. La Dea mi perdoni se non posso non gioire per lui anche quando fa gol con una maglia di colore diverso.

Il terzo è Berat Djimsiti, il meno scontato, l'anello di congiunzione tra il vecchio e il nuovo stile Atalanta, il difensore arrivato per caso con Freuler come fosse un regalo aggiunto a costo zero, spedito poi a mangiare il pane duro ad Avellino e Benevento, considerato inadatto per certi palcoscenici. È tenacemente sempre tornato per salire, gradino dopo gradino, le gerarchie, fino ad alzare da capitano l'Europa League dei tre gol di Lookman.

Ciascuno si faccia il proprio Pantheon. Il mio è questo, anche se ogni ragazzo di nerazzurro vestito è primo nel mio cuore.

Gigi Riva (Nembro, 1959) è un giornalista e scrittore italiano. È stato inviato speciale per *Il Giorno* e *l'Espresso*, giornali per cui ha seguito i conflitti nei Balcani e in Medioriente. È stato anche direttore del *Giornale di Vicenza.* Attualmente è editorialista del quotidiano *Domani* e del *Corriere di Bergamo.* Nel 2016 ha pubblicato *L'ultimo rigore di Faruk* (Sellerio). Nel 2020 per Mondadori *Non dire addio ai sogni*, romanzo sulla tratta dei giovani calciatori africani (*Premio Bancarella Sport* 2021). Nel 2022 *Il più crudele dei mesi, storia di 188 vite*, con al centro il dramma del Covid. E nel 2024 *Ingordigia*, dedicato a Massimo Bochicchio, il truffatore dei vip.

Nerazzurra alla nascita

di Donatella Tiraboschi

Sono otto gradini, ricoperti di moquette rossa, a separare, nell'albergo di famiglia, il bar dalla reception. È una piccola scala a chiocciola, che si inerpica con un dislivello preoccupante. Senza corrimano, unisce il piano terra a quello superiore, fungendo da passaggio di servizio. Sì, insomma chi, dalla veranda del soggiorno al primo piano, vuole scendere a bersi un caffè e a dare un'occhiata alla *Gazzetta dello Sport*, o a quel che resta del suo smembramento in mille fogli sui tavolini, può servirsene con audacia, senza ricorrere agli ingressi esterni. La scaletta è un rischio che si può correre e che mi piace correre. C'è un innato senso del pericolo che mi spinge a sfidarla, a lanciarmi dai suoi gradini. Il primo, il secondo, fino ad arrivare quasi in cima e toccare terra con un balzo.

Che fossi sprezzante del pericolo, del resto, era noto a tutto l'entourage famigliare fin da quando, decidendo di venire a questo mondo, avevo scelto il giorno in cui l'Atalanta aveva rimediato sei *pappine* contro l'Inter. Prima giornata di campionato, anno di grazia 1961. Un presagio funesto per il club atalantino di casa, formato da papà e dallo zio Luigi, ma felicemente benaugurante per lo zio Emilio. «È un segno del destino» preconizzò. Interista fino al midollo, aveva già idealizzato per la sottoscritta una fede nerazzurra. Più che nelle stelle, la predestinazione di appartenenza calcistica sembrava scritta nel tabellino di quella partita, conclusasi con uno *score* tennistico impietoso: un gol di Corso, le doppiette di Hitchens e di Bettini, con il sigillo finale di Suarez avevano affondato l'Atalanta di Valcareggi, mettendo tutta la fazione atalantina della famiglia di malumore. L'unica a non risentirne particolarmente fu la zia Margherita, che si consolò con una generosa bevuta di champagne e brindando, oltre che all'arrivo della sua prima nipote, anche a Helenio Herrera.

«È un grande allenatore» sentenziò, pur non capendo nulla di calcio. «Ma vorrei dire anche un uomo affascinante» aggiunse, accendendosi l'ennesima sigaretta e riandando al fatto che, proprio durante quell'estate, il «Mago» avesse scelto di passare qualche giorno in albergo. «Il Mago ha dormito *chez nous*» rincarò la dose, sparando un'allure linguistica internazionale. «*Chez nous*, ma soprattutto *avec la sò murusa*» precisò, dando sfoggio di un francese maccheronico, lo zio Luigi, chiarendo la vera motivazione delle fughe notturne del mister da San Pellegrino, dove era in ritiro precampionato con tutta l'Inter, fin su a Selvino. Zia Margherita arrossì, i risvolti della faccenda galante si chiusero lì, ma alla quinta domenica di quel campionato, grazie anche a qualche botta di culo, l'Atalanta, per la prima volta nella sua storia, si trovò a dividere il primato in classifica con l'Inter. Zio Luigi e zio Emilio non si parlarono per settimane, ma quell'annata che mi diede i natali cominciata con uno choc per l'Atalanta, si concluse più che dignitosamente: sesto posto in classifica (anche allora non buttava male, dai...) e, udite udite, con ben nove punti di vantaggio sulla Juve di Boniperti. Non so se mi spiego.

Lo scudetto cucito sulla maglia del Milan, che in panca aveva puntato sul sicuro con un certo Nereo Rocco (altro che i patemi d'animo di Fonseca), primeggiando sull'Inter di un «Mago» a cui non erano riusciti magheggi balistici, fu festeggiato dalla nutrita tifoseria rossonera che, in paese, era capitanata da un certo Gianni, detto «Duce» in virtù probabilmente di un certo dispotismo con cui gestiva il club degli aficionados. L'appoggio alla Vecchia Signora, invece, era appannaggio del «Beppe Juve», che di bianconero aveva tutto, dal cappello alle scarpe a strisce (qualcuno insinuava pure le mutande), e perfino un anello chevalier in oro e smalto che sfoderava sull'anulare, come una fede nuziale. Privo di un bandolero e di un club vero e proprio, il tifo per l'Atalanta si alimentava in paese di una certa diffusione sentimentale d'affezione, pronta a esprimersi all'occasione, ma filtrata da una discrezione individuale. Niente di urlato, ostentato con bandieroni e caroselli di auto in caso di vittoria. Si vinceva e si perdeva con eleganza. Si potrebbe definire un tifo tranquillo e consapevole della giusta misura; nessuna esaltazione quando la squadra vinceva e nessun rammarico per la sconfitta. Un modo di essere e di prendere la vita più che di tifare, si sarebbe detto, capace di distinguersi nel cosiddetto «*tep de l'ona*» (cioè intorno alle tredici) quando i capibastone delle tifoserie nostrane si ritrovavano per commentare i risultati e l'andamento in classifica delle rispettive beneamate. Succedeva, appunto, nel bar dell'albergo, con lo zio Emilio che, dietro il bancone, si vendicava sui milanisti, servendo caffè amarissimi e pure riducendo loro le dosi di amaro digestivo. Qui, con certa veemenza verbale, soprattutto di lunedì o sabato, si dava la stura a una passione calcistica che si mixava ad altri sport. Lo sci (alla faccia del surriscaldamento del pianeta, nevicava da novembre a maggio) era propagandato dal maestro Marcellino e trovava il suo mentore nel «Cinese», il sacrestano che, pur essendo bergamaschissimo, presentava tratti orientali con occhi stirati di misteriosa estrazione genetica. E poi l'automobilismo. Proprio davanti al bar, accanto al distributore di benzina, i tre figli maschi del Celesto, un omino tanto pacifico quanto indispensabile alla comunità per i rifornimenti di carburante, avevano avviato un'officina di riparazioni meccaniche, imbalinandosi di corse, rally in particolare. Il risultato delle elaborazioni erano macchine truccatissime o Cinquecento in versione Abarth con il cofano posteriore rialzato da un'asticella atta ad amplificare l'effetto sonoro del rombo. Se le imprese del «Cinese», racconti di discese libere a rotta di collo sui pendii nostrani, mi parevano inverosimili, le mani perennemente sporche di grasso e di olio e la tuta blu, tendente al nero, del Giovanni, il meccanico a capo del team di elaboratori motoristici familiari, mi suscitavano un orrore autentico.

Ad affascinarmi, invece, era il pallone. Di cuoio vero, pesante e a rombi, non quei Supertele leggerissimi con cui si giocava a quei tempi. E soprattutto mi affascinava che cosa fosse in grado di farci lo «zio» Angelo. Nessuna parentela diretta, l'epiteto famigliare era scaturito dalla signorile amicizia che, con tutta la sua famiglia, questo signore di mezza età aveva instaurato, frequentando l'albergo dei miei nei mesi estivi. Ci arrivava nei fine settimana, alla guida di una Lancia Flavia blu, dal cui bagagliaio scaricava eleganti borsoni di pelle. Si fermava un paio di giorni per poi scomparire e ricomparire dopo due settimane. Che cosa facesse nella vita era, per la mia mente bambina, un mistero, ma una mezza idea me l'ero fatta: il giocoliere. Gli lanciavi il pallone e gli restava incollato sui piedi. Era in grado di farlo roteare su un dito per un minuto, per non parlare del palleggio; poteva andare avanti per ore senza far mai cadere la palla a terra, riuscendo a portarsela sulle spalle, farla girare dietro la schiena e rimettersela sui piedi. Cose che avevo visto fare solo al Palazzetto dello Sport di Bergamo, dove lo zio Luigi mi aveva portato per assistere al famoso Festival di giocoleria Rastelli, dal nome dell'inventore, Enrico, un tipo bizzarro che la stampa americana aveva ribattezzato «l'ottava meraviglia del mondo». Ecco, la nona meraviglia erano le giocolerie dello zio Angelo, che solo molto tempo dopo, avrei scoperto essere «fubbaliere», rivendendole come in filigrana nelle prodezze di certi calciatori. In particolare, quel placcaggio del pallone: poteva arrivargli sui piedi da qualsiasi altezza e direzione che gli rimaneva lì, avvinghiato al collo del piede. Una magia. Ammirevolmente, dietro mia insistenza, lo zio Angelo provò a insegnarmi a palleggiare, ma con scarsissimi risultati. Divertito all'idea che una bambina di sette anni ambisse ad appassionarsi a «cose da maschi», come il calcio giocato, ci mise una dose di pazienza infinita, inversamente proporzionale ai risultati che (non) vedeva. Il massimo che ottenne fu così una sequenza di cinque palleggi consecutivi e una cinquantina di metri che riuscii a percorrere in giardino, palla al piede e con lo sguardo puntato in avanti, sfuggendo alla marcatura tenace di Nielsen. Così chiamato in onore del grande Flemming, il danesone dell'Atalanta, era il pastore tedesco di casa, un quattrozampe mordace, non per niente soprannominato «Lupobucapalloni». Non lo diede a vedere, ma la riuscita tecnica di quei fondamentali fu, per lo zio Angelo, motivo di grande soddisfazione.

Dopo essermi fratturata la spalla con un triplo salto carpiato dall'altalena, la scaletta del bar diventò, per imperativo materno, «*off limits*»; lasciarsi cadere da un'altezza sempre maggiore, un gradino dopo l'altro, assolutamente proibito. La sfida dei gradini poteva dirsi ormai persa per sempre, ma a rimetterla in pista ci pensò ancora lo zio Angelo, inventando il «gioco del saltone». Che non era niente di diverso da quanto avevo sempre fatto, ma con la differenza che in fondo agli infidi gradini ci fosse lui, pronto a prendermi al volo nel caso mi fossi catapultata verso terra con troppo slancio. Si trattava di aver fiducia in se stessi e seguire le sue istruzioni, e il risultato era assicurato. Una lezione semplice, semplice da applicare alla vita come al calcio, il mondo in cui, allora a mia insaputa, lui viveva, compiendo imprese mirabolanti. La tecnica del saltone, traducibile anche sui campi di calcio con un monito, «fidati dei tuoi mezzi, ma affidati a chi ne sa più di te», doveva essere il suo segreto di mister. E forse è il segreto inconfessato di ogni allenatore di successo.

A lui in panchina si erano affidati i giocatori del Verona che, per la prima volta nella storia del club scaligero, nel 1957 erano approdati alla serie A, mentre nel periodo della mia infanzia, era riuscito nell'impresa di centrare due promozioni del Lecco nella massima Divisione. Risultati storici che avevano fatto impazzire di gioia due città, mentre la cosa che mi faceva impazzire era il fatto che trovasse il tempo di giocare con me. Ce lo vedreste oggi un osannato mister di serie A perdersi in una cosa del genere? Bergamasco doc, attaccante dai piedi buoni, dopo aver militato in varie squadre, tra cui l'Atalanta nel pieno della Seconda guerra mondiale, quando ancora non aveva appeso gli scarpini al chiodo, da giocatore-allenatore, lo zio Angelo, che di cognome faceva Piccioli, si era messo alla guida del Verona, la prima di una lunga serie di squadre allenate in una carriera che, nel 1976, si sarebbe conclusa proprio con l'Atalanta. Ci sarebbe arrivato nel 1971, prima come mister in seconda, e poi subentrando a Heriberto Herrera, soprannominato il «Sergente di ferro», salvando la squadra da una retrocessione sanguinosa nel 1976. Un uomo semplice e modesto, come tanti che, oscuramente, hanno contribuito alla storia del club bergamasco, ma capaci di incarnarne l'autenticità, la serietà societaria. Non ne parlava spesso, fedele a una discrezione che è sempre rimasta la cifra stilistica della sua vita, ma i suoi racconti delle partite, dei gol salvifici e delle sue conoscenze sui campi di serie A erano qualcosa di epico. Campi di battaglia fatti di eroi capaci di catalizzare un immaginario adolescenziale dove il calcio e l'Atalanta rivestivano già un posto speciale. E con quelli un insegnamento tecnico, essenziale e mai più dimenticato: «Con tre passaggi in verticale devi trovarti davanti al portiere avversario». Avrebbe finito la sua lunga carriera occupandosi per anni del settore giovanile dell'Atalanta, mostrando in ogni occasione societaria la medesima signorile pazienza e la capacità di intuire, nei giovani piedi di chi visionava (non certo nei miei) il talento dei campioni di domani. Quel vivaio che è diventato, e resta, il vero tesoro dell'Atalanta. E lui, uno dei tanti uomini umili che l'hanno resa grande.

«San Giorgio, san Giorgio, san Giorgio.» Lo stadio è ancora lontano, bisognerà sgambettare ancora un po', ma quando manca più di un'ora al fischio d'inizio, gli annunci pubblicitari fendono già l'aria, invadendo il quartiere cittadino. La voce dello speaker, sempre la stessa, è diventata familiare con il passare degli anni. Una garanzia di continuità sonora, con una merceologia che si ripete, fatta di orologi, valigie e discoteche, ma capace di innescare ogni volta, sul citato santo, una serie di interrogativi. Il san Giorgio in questione non è quello che, raffigurato nella chiesa parrocchiale a cavallo e in abiti militari, schiaccia il drago, ma un'agenzia di investigazioni private. Che cosa c'azzeccasse con i tifosi resta, ancora a distanza di decenni, uno dei misteri del marketing del vecchio Comunale a cui non trovo risposta. Di quali oscuri tramini extraconiugali erano protagonisti i tifosi per proporre loro opportuni servigi investigativi? Misteri gaudiosi, come l'identità del primo omino sandwich che, nell'intervallo tra il primo e il secondo tempo, girava il campo vestito da candela dell'automobile, saltellando e salutando gli spettatori. Suoni e visioni capaci di rallegrare le domeniche in cui si «va all'Atalanta». Non ci sono anticipi né posticipi, la partita è solo di domenica, un giorno di festa, appunto, e scatta alle tre in punto. Cascasse il mondo, che piovi, nevichi o tiri vento «all'Atalanta» ci si va con papà e lo zio Luigi. La pay tv è come il paradiso: può attendere.

Più che il primo bacio, per tutta la vita il tifoso ricorda la prima partita vista allo stadio. Per il mio battesimo «all'Atalanta», la prima partita dal vivo, il team atalantino di famiglia scelse così il 12 dicembre del 1972, nel bel mezzo di un campionato non particolarmente felice. Le ferite della tranvata rimediata solo qualche settimana prima a San Siro contro il Milan non si erano ancora rimarginate: l'incontro con il Diavolo a nove code, come lo avevano titolato i giornali (a causa di una sconfitta per 9 a 3 con l'«Abatino» Rivera in giornata di grazia e il povero portiere Pianta sostituto al settimo gol, in giornata di «dis»grazia) era stata una bella batosta, tanto più che il «Duce» non perdeva occasione di rivangare la faccenda. Entrando al bar, nel solito «*tep de l'ona*», aveva preso l'abitudine di salutare tutta la tifoseria avversa del paese sventagliando i palmi delle due mani, con le nove dita alzate. Come mettere il coltello nella piaga. Nove *pappine* che, ahimè, si rivelarono decisive per una differenza reti da Polo Nord (-17) con cui in quella stagione l'Atalanta salutò la serie A. Nulla di drammatico, per carità. Al callo delle retrocessioni c'era l'abitudine e non faceva neanche troppo male. La classifica era come le scarpe: sempre troppo stretta.

In teoria anche quella domenica di dicembre avrei dovuto passarla all'oratorio, buona buona a giocare a pallone nel campetto di ghiaino. Sottile, appuntito e con un freddo becco che rendeva la plastica del pallone dura come il marmo. L'indottrinamento tecnico dello zio Angelo non aveva sortito gli effetti sperati, la serie di palleggi si era fermata al numero massimo di cinque e la corsa palla al piede puntando la porta rimaneva un miraggio, ma la passione per il calcio giocato con e soprattutto contro i maschi continuava. Ecco perché, complice un sorprendente sviluppo fisico in altezza, mi imposi, molto poco democraticamente, nel ruolo di portiere. Oreste, il compagno di classe che ambiva a indossare i guantoni, fu brutalmente scartato. «Sei alto come il pallone» lo liquidai senza mezzi termini, adombrando quello che oggi sarebbe bollato come un *body shaming* bell'e buono. Il *physique du rôle* c'era, tutto il resto no. All'appeal del ruolo prescelto avevano contribuito in modo determinante due fattori; il primo la (quasi) immobilità tra i pali, senza la necessità di spaccarsi i polmoni in attacco o le caviglie in difesa. Il secondo; la mitologia acquisita di certi numeri uno. Su tutti lui, Pier Luigi Pizzaballa, che quell'anno difendeva i pali del Verona e che era diventato, in virtù delle sue otto stagioni passate all'Atalanta, l'idolo assoluto dello zio Luigi. L'estrazione popolare, la sua storia di garzone in una drogheria di Bergamo, il provino casuale, l'ingaggio e il dualismo con Zaccaria Cometti, degno di un Coppi-Bartali giù dalla bicicletta, erano ingredienti di una bella favola in cui tutti i mortali, con un destino semplice, avrebbero potuto identificarsi, riconoscersi. «Essere portiere significa essere padroni del proprio destino: prendere delle decisioni anche a volte in attimi, frazioni di secondo e assumersi poi le responsabilità delle proprie scelte» sentenziò lo zio Luigi con fare filosofico. Essere o parare? Il dubbio amletico mi affascinava per l'accostamento dell'essenza, della condizione dell'essere umano al ruolo di portiere. Il portiere è l'eroe che non ha età: non invecchia mai oppure matura troppo in fretta. La storia atalantina lo ha chiarito nelle carriere di Davide Pinato che, a trentasei anni, lasciò il posto tra i pali nerazzurri a Ivan Pelizzoli, non ancora ventenne, fin dalle prime partite capace di dimostrare la maturità del veterano. Essere portiere significa sempre e costantemente avere gli occhi puntati addosso. E i miei per lunghi anni li ebbe Fabrizio Ferron, uno dei portieri più amati della Dea. Era uno spettacolo vederlo condensare in un solo gesto ragionamento, riflessione e iniziativa. Qualità che rivedo nel baldo Marco Carnesecchi: ottimo senso della posizione, capacità di scattare su come una molla e di guardare il mondo con un sano ottimismo, anche dopo qualche batosta. È il portiere che vola e aggancia il pallone con presa sicura, salvando capra e cavoli, anche se può capitare che finisca per essere il capro espiatorio. È quello che resta per sempre un eroe, ben oltre una figurina che non si trova.

Per la cronaca, quella di Pizzaballa non l'ho mai trovata, malgrado infiniti scambi e giochi sui muri della scuola con le figu. Venti lire per una bustina, l'album invece ne costava cinquanta. Le figurine erano considerate una particolare esclusiva dei maschi, mentre le femmine non ci pensavano lontanamente a maneggiare volti truci di calciatori. Le altre, s'intende, femmine perché nella mia cartella, custodito gelosamente, un mazzetto legato con un elastico non mancava mai. Le figu si potevano contare, contemplare, accarezzare, quasi assaporarne il profumo: un odore speciale di carta e adesivo insieme. Il solo fatto di averle tra le mani, magari con l'esclusiva di un ricercatissimo giocatore, mi regalava un piacere sottile. Di tutti gli album finiti chissà dove, l'unica pagina superstite, mai completata, riporta indietro l'orologio al campionato 1971-72. Una galleria dove a Ottavio Bianchi, già con un'incipiente calvizie, si contrappone la folta chioma dell'angelo biondo Giovanni Vavassori, mentre in basso a sinistra un irriconoscibile Emiliano Mondonico, senza baffi, sembra guardare lontano. Tutti volti che si sono fissati nella mente, rimasti incollati a una memoria visiva incancellabile, che si ritrovano intatti a distanza di mezzo secolo. È il fascino delle figurine che, grazie al cielo, resiste al tempo e non cede all'imperante digitalizzazione. L'unico riquadro vuoto di quella piccola, naufraga pagina di album Panini di oltre cinquant'anni fa è quello dello stopper. Volendo colmare la lacuna, si potrebbe acquistare la figurina mancante su eBay a 1,99 euro. «Favolosa e mai attaccata» specifica l'annuncio. È quella di Antonio Percassi.

Grazie all'imprinting dominante di famiglia, fatta eccezione per l'interismo con cui (inspiegabilmente) era stato contagiato lo zio Emilio, calcisticamente parlando, non sono mai stata un foglio bianco. Anche quando a scuola, rispondere «Per l'Atalanta» alla canonica domanda «E tu per che squadra tifi?» poteva essere considerato un filino scomodo nel mondo di un tifobambino che si divideva in tre, come la Gallia di Giulio Cesare: o una delle due milanesi o la Juve. Che allora vincevano spesso, troppo spesso, mentre l'Atalanta troppo poco spesso. Votarsi a lei, significava consacrarsi a un'incertezza calcistico-esistenziale. La conta degli scudetti e delle coppe che si faceva prima delle partitelle sul sagrato della chiesa, sanciva un ranking impietoso. Tutto nelle bacheche altrui sembrava più grande, magnifico. Un'erba verde del vicino fatta di trofei, coppe, e scudetti. E anche di uno stadio, come San Siro, enorme se visto con gli occhi di chi, superando la barriera di Milano, si sentiva come avesse oltrepassato le Colonne d'Ercole.

Che cosa c'è oltre Borgo Santa Caterina? Il mio piccolo «mondo antico-atalantino» si era fermato davanti a questa barriera per un bel po' di anni. Il capolinea domenicale era questo punto di arrivo finale della trasferta festiva, più o meno nella zona della città con il capolinea del vecchio tram. La domenica, trovare parcheggio davanti al Comunale, ricompreso in questo quartiere di Bergamo, non era un problema, ma per evitarsi complicazioni tra soste (autenticamente) selvagge e auto messe di traverso (in un «tetris parking» che oggi sarebbe inconcepibile), il papà e lo zio Luigi preferivano semplificarsi la vita e lasciare il fido Maggiolone verde parcheggiato a casa di cugini. Il bel piazzalone della loro stazione di servizio, nel cuore del Borgo e a un tiro di schioppo dallo stadio, era una sorta di benefit provvidenziale contro il logorio del traffico prepartita, degno della pubblicità del Cynar di Ernesto Calindri. Così come provvidenziale si rivelava il caffè che, con un'abbondante correzione di grappa, tutto il clan di famiglia si prendeva prima di imboccare il quartiere Finardi e sbucare, dopo una camminata di dieci minuti, davanti al Comunale. Non c'era soluzione di continuità: si passava dalla polenta di casa, al caffè dei cugini, all'Atalanta. E ritorno. Era un circolo. Era un tutt'uno. Eravamo un tutt'uno con un senso di familiarità che cominciava con la speakerata sul mistero del santo investigatore e finiva davanti a *90° minuto* sull'unica televisione di casa.

«Domani è Santa Lucia, facciamole un regalo e portiamola con noi all'Atalanta.» Lo zio Luigi, segno zodiacale Leone, si distingueva per essere un uomo di una generosità unica. Non gli era bastato, quell'anno, aver predisposto per i nipoti una stanza piena di giochi. Aveva deciso che in quel 12 dicembre del 1972, alla vigilia della notte più magica dell'anno, a undici anni, avrei ricevuto il regalo più desiderato. Atalanta-Torino in calendario, del resto, si prospettava come un match blando, perfetto per un'iniziazione calcistica altrettanto tranquilla. Niente di traumatico. Papà acconsentì e fu quella la prima di un'infinita serie di domeniche in cui il mantra «Andiamo all'Atalanta» fu centrale al dì di festa e a una meravigliosa complicità tra noi.

Il ricordo più nitido è quello dei gradoni della curva sud. Li salivo e il cuore mi batteva forte, anche se non saprei dire se più per l'emozione del momento, per l'idea di vedere in campo un tal giocatore, per il temibile risultato o per il fiatone. Erano fatti di un cemento duro e granuloso, scomodo da morire, attutito solo parzialmente dall'immancabile cuscinetto su cui sedersi, gadget ormai scomparso, di cui quasi tutti, però, erano dotati. Nessun posto assegnato, ma anni di abbonamenti e frequentazione avevano instaurato una sorta di usucapione immobiliare dello spazio. Dove arrivarci era già un'impresa. «Tienimi stretta la mano e non lasciarla per nessun motivo» era l'ordine paterno. Del resto, il rischio di perdersi tra la calca, tra la gente che si muoveva a ondate, dandoti l'impressione di sollevarti come un aliscafo sul lago, era tutt'altro che peregrino. Lo attestavano gli annunci che irrompevano nel bel mezzo della partita. «È stato smarrito il bambino tal dei tali. Si trova al posto di polizia.» Si smarrivano bambini tra gli spalti come in spiaggia al mare, così come un'infinità di chiavi. Da cui un altro annuncio a beneficio di chi, una volta uscito dallo stadio, non sarebbe più riuscito a tornare a casa. «È stato ritrovato il mazzo di chiavi di una Fiat» (mai una volta di una Ferrari). Fino a quando non arrivava il messaggio più inquietante di tutti: «Il signor tizio caio è pregato di mettersi urgentemente in contatto con casa sua». Un invito premuroso dietro il quale paventavo scenari catastrofici; infarti letali, incidenti stradali, morti improvvise che riguardavano l'entourage del malcapitato tifoso. Circostanze immaginarie perfette per dare sfogo a una innata melodrammaticità esistenziale in un mondo privo di telefonini e di connessioni. Ma non privo di emozioni che da lassù, dal penultimo gradone della sud, si irradiavano, come cerchi concentrici, dagli occhi verso il campo. Il sole di spalle, in faccia agli ultras della nord, era una benedizione riscaldante nelle giornate fredde, prima di vederlo tramontare dietro la Roncola. E poi la pioggia, con la selva di ombrelli davanti e dietro che ti bagnavano comunque a cascatella, il freddo che fischiava giù dalla Maresana, tagliando gli occhi e la faccia, nascosta dietro la sciarpa nerazzurra fatta a maglia dalla nonna. I piedi freddi, freddissimi, la pipì trattenuta fino a far male, ma il cuore in subbuglio fino alla fine della partita, che in quella domenica iniziatica rischiò di chiudersi clamorosamente un quarto d'ora prima del novantesimo. Successe qualcosa di incredibile grazie a uno svarione cronometrico dell'arbitro Lattanzi, fischietto di rango che l'anno dopo sarebbe diventato arbitro internazionale. Sullo zero a zero, al settantacinquesimo, decise di finirla lì, con il triplice fischio senza accorgersi di essere in clamoroso anticipo. Seguirono proteste e fischi che ancora mi rimbombano nelle orecchie. Quel tempo quasi supplementare bastò a un ragazzo di diciotto anni, Giuliano Musiello, per realizzare il suo primo gol in serie A con un gran colpo di testa, buggerando Castellini. Anche lui viveva sul campo la sua prima volta. Lui viveva l'esordio nella massima Divisione, io il debutto «all'Atalanta», a fianco di un padre e uno zio capaci di tatuare una passione sul cuore durata per anni pronta ad attraversare tutto, con una forza calcistica serena. Perdere non era la fine del mondo, vincere era bello, ma restando con i piedi per terra. Pareggiare? Solo lo stretto indispensabile. Contava esserci. In *Febbre a 90'*, il più bel libro mai scritto sul tifo per una squadra di calcio, Nick Hornby racconta come, lui undicenne nell'Inghilterra del 1968, a scuola unico della classe ad avere genitori separati, riuscì a recuperare il rapporto con suo papà grazie all'Arsenal e al fatto di andare insieme alla partita: «Il campo dell'Arsenal sarebbe diventato il nostro giardino».

È il 14 giugno 2023 e della curva sud resta solo un ammasso informe di cemento armato. È venuto giù tutto, demolito per chiudere il cerchio del restyling e completare l'impianto. Il cielo è scuro mentre fa sera. Rimango lì davanti alle ruspe, senza parole, ritrovando intatta la meraviglia della luminosità del campo verde, incorniciato dalle tribune. Se chiudo gli occhi rivedo, dal gradone più alto della sud, il campo e il cielo blu abbagliarmi di quella speranza di vittoria, mista a fiducia incondizionata nel futuro, che provavo ogni domenica. Il mondo intorno avrebbe potuto crollare, ma una certezza incrollabile albergava nel cuore: ci sarebbe sempre stata l'Atalanta da andare a vedere. Insieme.

Rigorosamente in bianco e nero, il poster dell'Atalanta 1975-76 mi fissa, appeso a una parete della mia ex cameretta, dove dormivo e sognavo da ragazza. Non si è mai mosso da qui. Incorniciato e messo sottovetro resiste inamovibile da ormai cinquant'anni ma, più che un poster, è ormai diventato una reliquia, consacrata dagli autografi originali dei calciatori (vergati, grazie ai buoni uffici dello zio Angelo, in quegli anni ingaggiato come mister in seconda della prima squadra). Pircher,

Cipollini, Vernacchia, Andena, Rizzati, Percassi, Mastropasqua, Marchetti, Mongardi, Cabrini e Scala, immortalati prima di una partita allo stadio, hanno un'espressione seria e i calzoncini corti. Percassi sfoggia pure un paio di baffi da uomo. Ha solo ventidue anni e il destino segnato che lo vedrà presidente della squadra per cui si spende come un leone, ma ancora non lo sa. Quello che sa, per davvero, è che per l'Atalanta di quel tempo conta salvarsi, esigenza primordiale che gli è rimasta dentro e che gli scorre ancora nelle vene. Non si stancherà mai di ripeterlo, nemmeno quando si troverà alla tolda di comando, risultando poco credibile, anche dopo aver centrato la qualificazione in Champions (risultando modestamente irritante). Gianpietro Marchetti, difensore sontuoso di rimando dalla Juve, indossa la fascia di capitano e, unico tra i seriosi, accenna un sorriso timido. Giorgio Mastropasqua, arrivato al posto di Scirea, ha la faccia da bravo ragazzo. Il faccione del «cattivo», tra la barba e i capelli lunghi, invece, lo esibisce «Gusto» Scala, il George Best *de noantri*, spirito ribelle incardinato in una classe immensa, ha il gusto trasgressivo (*nomen omen*) per una bella vita che mal si concilia ai doveri professionistici. E poi di (gran) bello c'è lui: Cabrini, il bell'Antonio.

«Tu lo conosci?» Antonella, compagna di classe, buttò lì la domanda a bruciapelo. L'Atalanta, e più in generale il mondo del calcio, era quanto di più sideralmente lontano ci potesse essere per le ragazze in fiore della quarta ginnasio. In un istituto di suore sacramentine, poi. Si doveva solo pensare a studiare. E a farlo seriamente; grembiule nero e Castiglioni-Mariotti da imparare, quasi, a memoria. Le incursioni scolastiche sul tema Atalanta, propiziate da una mini-tesina di metà anno sulla mitologia della ninfa, arricchita dalle diverse implicazioni del caso relative alla incerta paternità (era figlia di Iaso o di Menalo?) non furono sufficienti per ingraziarsi suor Angelina, rigorosa insegnante di latino e greco, e nemmeno per alzare la media zoppicante del trimestre. Delle origini, vicende e sorti di Atalanta (quella antica e quella che, viva e vegeta, correva nell'Olimpo della dea Eupalla) non fregava niente a nessuno, eccetto che a me. Al centro dei discorsi delle compagne c'erano i travestimenti di Renato Zero o i balletti di Sammy Barbot, mentre non c'era nessuna con cui condividere la gioia di una vittoria inaspettata o di un pareggio acciuffato all'ultimo minuto, come balsamo di una classifica che, anche quell'anno, non prometteva nulla di buono. Se le amene letture del gineceo scolastico si concentravano su *Ragazza In*, io mi rifugiavo nella *Gazzetta dello Sport*. Bill Gates stava fondando la Microsoft, preconizzando un computer in ogni casa, mentre la più grande domanda che pendeva sulla mia testa era: riusciremo a salvarci? Preceduta, solo di poco, da un altro esiziale quesito; sarò promossa? Per uno strano destino, promozioni e retrocessioni si intrecciavano, nella mia testa, come faticosissimi traguardi di vita.

«No, Cabrini non lo conosco.» «Ma come non lo conosci? Ma se vai allo stadio tutte le domeniche!» La faccia di Antonella tradì una delusione palpabile. Evidentemente, andare all'Atalanta, nella sua mente profana, significava poter instaurare con i giocatori un simpatico rapporto di conoscenza-confidenza. E come fosse un benefit, compreso nell'abbonamento di quella stagione, avrebbe dovuto essere contemplata, perlomeno, la possibilità di una stretta di mano e di un autografo del «bell'Antonio». Arrivato a Bergamo nell'estate del 1975, in comproprietà con la Juventus, questo ragazzotto cremonese era diventato, nel giro di poche settimane, l'idolo di tutte le ragazzine bergamasche. E il perché non è difficile da capire, ancora adesso. È sufficiente tirare un occhio al fatidico poster per rendersi conto che, se anche i tempi cambiano, i canoni della bellezza fubbaliera hanno un nonsoché di immutabile. Non avevano lo stesso appeal, per esempio, né Pircher, biondino dal fisico possente, né Vernacchia, detto Lello, che pure, tornando a Bergamo dal Torino, aveva dichiarato il suo amore per l'Atalanta. Gli occhi erano solo per Cabrini che, fosse in attività oggi, sarebbe un idolo dei social, instagrammabile a più non posso e inondato di post. Allora, invece, c'erano solo le poste che Antonella utilizzò in modo massiccio per inviare al bell'Antonio una infinità di lettere, a cui non ebbe mai risposta. Il sospetto è che fossero finite direttamente nei sacchi neri in cui la mamma del bel calciatore le buttava, ricevendone in quantità industriale. Con il trasferimento del terzino alla Juve, alla fine di quella stagione, l'estemporanea passione di Antonella per l'Atalanta svanì come neve al sole. Mi sarebbe capitato poi di intervistare Cabrini un paio di volte, ma non gliel'ho mai detto.

Bergamo non è mai stata così pazzamente felice. È il 31 maggio dell'anno di grazia 2024, una serata ancora fredda, grigia, ma non fa nulla. Sono dieci giorni, dalla sera dei miracoli di Dublino, che il cielo è trascolorato in nerazzurro. Come tutta la città, le sue strade, le finestre alle case, le bandiere sul Sentierone e sulle Mura. Come le anime dei suoi tifosi. Gli anni di attesa, le delusioni delle finali mancate, adesso non contano più nulla. Conta solo questa gioia inattesa, una felicità collettiva che è l'essenza primordiale dello sport e del calcio, in particolare. Una magia buona che, nella sua forma più gioiosa e corretta, si rifonde in un sentimento collettivo e contagioso capace di attraversare generazioni intere. Cresciute nel segno dell'Atalanta. Ce ne sono almeno tre per le strade della città tra i quarantamila che aspettano il passaggio del bus scoperto, per celebrare e santificare una conquista e una gioia mai sperate prima. I nonni che festeggiano con i nipoti sono i giovani che c'erano nel 1963 e che ne hanno viste di tutti i colori. Qualcuna rosa e alcune nere, il colore delle retrocessioni. E anche quelle nerissime, come l'unica (fortunatamente) discesa negli inferi della serie C. Fu quell'annata maledetta 1980-81 il punto più basso della storia dell'Atalanta e anche del morale del team atalantino di famiglia, vissuta nel lutto calcistico più assoluto da papà e dallo zio Luigi, ma condivisa con rispetto anche dallo zio Emilio. «Tornerete più forti di prima» sentenziò con un grande fair play, maturato anche con la frequentazione amichevole di Giacinto Facchetti che, in estate, passava in albergo a trovarlo. Colloqui privatissimi per carpire qualche anteprima di mercato. «Chi prende l'Inter?» non lo chiedeva solo Ligabue.

Aveva ragione, si trattava solo di aspettare una notte di ostriche e champagne dopo anni di campionati e minestrine poverine (quelle cantate dalla curva nord, fatte da nonnine altrettanto indigenti in ambienti famigliari dove il nonno campa facendosi uova al tegamino) e che adesso nessuno ricorda più. Una notte che né lui, né papà, né lo zio Luigi avrebbero mai potuto vivere. Per questo, quando l'arbitro ha fischiato la fine della partita contro il Bayer Leverkusen, in tanti hanno pianto, per le persone che avrebbero dovuto esserci e che, invece, non ci sono più. I miei di casa sono morti, trangugiando sconfitte e assaporando vittorie, dopo un'infinità di «domeniche all'Atalanta», senza sapere cosa volesse dire alzare un coppone al cielo. Senza sapere come ci si sente, per una volta, a vincere in grande, com'è la notte in cui gli altri guardano te e vorrebbero essere te, avere quello che hai tu. Alla grande festa siamo stati felici perché, per una notte, anche chi se ne è andato, è stato davvero tra noi.

Sfilano, osannati, gli eroi di Dublino. È un tragitto che si snoda a singhiozzo, che fatica a farsi largo tra migliaia di tifosi assiepati sulle strade di Bergamo, come tante tappe di un lungo viaggio. È il quadro finale in cui è dipinta la storia dell'Atalanta, scritta da migliaia di personaggi che idealmente, tutti insieme, salutano da quel bus scoperto. A me è toccato il privilegio di scrivere di qualcuno di loro. Di raccoglierne parole, consigli, sensazioni, ricordi. Interviste, battute al volo, commenti in cui si intrecciano centinaia di voci e di volti. A stagliarsi nitida, più di tutte, in questa infinita galleria, è la lunga chiacchierata con Emiliano Mondonico durante il campionato 2018. «Vedrai che l'Atalanta farà benissimo. È entrata tra le grandi squadre e ci resterà per tanto tempo.» La voce era incerta, il tono affaticato. Il telefonino ne ha conservato traccia: era il 6 marzo 2018, alle ore 9.28. «Mondo» ci avrebbe lasciato ventitré giorni più tardi. Quella stagione l'Atalanta si piazzò al terzo posto dietro Juve e Napoli. Lui, chissà come, aveva già previsto tutto. E ancora rivedo le mani di Bepi Casari che spiega il suo «Meaaa!». E le lacrime di Delio Rossi che non hanno bisogno di spiegazione.

Scrivere di calcio potrebbe sembrare facile, ma tutto si impara; gli schemi e il fuorigioco come la geometria e la matematica. «Provaci» mi incoraggiò lo zio Luigi, certo del fatto che me la cavassi meglio con la penna che tra i pali. Il regalo di una Olivetti Lettera 35 e l'ingaggio in un quotidiano locale per seguire campionati di categorie minori (nelle domeniche in cui l'Atalanta giocava in trasferta, *of course*) fecero da detonatore al passionale slancio con una vera gavetta. La miglior palestra si rivelò il campionato di Terza Categoria in cui militava la squadra del paese, allenata dal coriaceo prof di ginnastica delle scuole medie. Era un tipo dai modi spicci e dalle idee tecniche chiare (convinto assertore del modulo «tutti avanti e tutti indietro»), qualità di cui si sono rivelati prodighi tutti gli allenatori che ho incrociato sulla via. Pure scontrandomi. L'alterco con mister Mandorlini, in un dopogara complicato del campionato 2004, resta l'unico episodio memorabile in cui galanteria e cavalleria dello spogliatoio andarono allegramente a farsi benedire. Ne seguirono scuse sentite (da parte sua), a riprova di una apprezzabile resipiscenza oltre che del rispetto e della correttezza generalmente riservata (anche se le eccezioni purtroppo non mancano) a un universo femminile che, in quegli anni, si approcciava timidamente al calcio della massima serie. Sono cresciute fior fiori (in tutti i sensi) di professioniste in tutti gli stadi e anche la tribuna stampa dell'Atalanta è rosa. Orgogliosamente (e con competenza).

Apriti cielo. L'Atalanta ha rimediato una scoppola inaspettata contro la matricola Como (2 a 3 in casa il 24 settembre 2024) e sui social (*the new bar sport*) è partito l'anatema: «Mi vien voglia di vendere l'abbonamento e di non guardarla più». È l'innesco incendiario in grado di far divampare ogni tipo di commento. «Provate ad avere passione anche se andiamo in serie C.» Fatto. «Ci vorrebbe qualche anno di serie B per liberarsi un po' di una bella fetta di pseudotifosi.» Anche no, grazie (la serie B, s'intende). «A quelli come te non dovrebbero neanche venderlo, l'abbonamento. Propongo un test d'ingresso.» Interessante, magari con i quiz con le crocette e domande del tipo: «Che numero di piede ha Lookman?». Oppure: «Il biondo di Retegui è naturale o no?».

L'Atalanta è arrivata dove nessuno, neanche il più ottimista (forse nemmeno lo stesso presidente Percassi) poteva immaginare, facendoci divertire. Teniamocela così. Non è la pazza Inter, con cui divide i colori e qualche risultato ballerino. Non vive i patemi rossoneri della panca e nemmeno quelli finanziari della Juve, la Vecchia Signora alla ricerca dell'identità perduta tra conti che non tornano. E non parliamo poi di Conte. Gasp resta sempre una garanzia anche in serata no (capita).

Con l'Atalanta ho vissuto una preadolescenza tumultuosa, un'adolescenza passionale e una maturità consapevole (dei limiti e dei mezzi miei e suoi), inseguendo notizie, giocatori, allenatori e con loro, catturando per incarico professionale, pareri di Vip e Nip (*Non important people*) su risultati, cessioni, guai e compagnia cantante. Adesso che partite e risultati sono diventati, diciamo, un affare privato, aspetto gli eventi. Magari sarà la nascita di una nipotina (perché, se sarà, dovrà rigorosamente essere una femmina) che mi farà tornare, un giorno, all'Atalanta. Perché vedere indossata la maglietta della Dea appena nata sarà bellissimo, ma volete mettere l'imprinting nerazzurro di una nonna e per giunta giornalista?

Donatella Tiraboschi (Bergamo, 1961) giornalista a tempo perso, inizia a collaborare con *L'Eco di Bergamo* nel 1976. Inizia a occuparsi di calcio dalla Terza categoria fino alla serie A con l'Atalanta (tra le primissime penne rosa delle vicende nerazzurre). E poi di sci alpino e ciclismo. Collabora fin dal primo numero con il *Corriere della Sera di Bergamo*, dove ancora scrive dei suoi sport preferiti, ma soprattutto di varia umanità nell'ambito del giornalismo di costume, dell'economia e della cronaca.

Un po' di storia. Lunga 117 anni

di Pietro Serina

Ha un nome mitologico, ma è nata in trattoria; per tutti era il 17 ottobre 1907, ma non è vero; la chiamano Dea, ma non lo è, anzi ha genitori «mitologicamente» dubbi. Ambiva «alla pratica di podismo, salto, lotta, palla vibrata…», eppure oggi è nel mondo perché pratica calcio. Nel calcio è l'emblema della provincia che sfida le metropoli in Italia e in Europa, ma in centodiciassette anni ha vinto giusto un paio di trofei. È sinonimo di internazionalità, al punto che a modo suo attua lo *ius soli* da tre lustri, eppure niente è più bergamasco per stile e atteggiamento.

L'Atalanta B.C. (Bergamasca Calcio) – ormai simbolo di Bergamo più delle Orobie e di Arlecchino – oltre che una passione di popolo è un fenomeno sociale. Un'anomalia diventata uno stile, un modo di essere. Ma, soprattutto, l'Atalanta è speciale perché da sempre è un'appartenenza.

E in cinque esclamarono: «Atalanta!»

Lo racconta la sua storia. Costituita nel 1907 da cinque amici (i fratelli Gino e Ferruccio Amati, Alessandro

Forlini, Giovanni Roberti ed Eugenio Urio) durante una cena in trattoria – al ristorante Correggi, nel «Borgo»; quindi a Bergamo Bassa (mentre l'élite era concentrata in Città Alta, la parte nobile, dentro le mura venete) – la storia vuole che, definiti programmi e strategie, la decisione su come chiamarla sia stata rimandata al giorno dopo. E che, dopo una notte di febbrili consultazioni dei testi classici, al momento di proporne il nome, tutti i cinque fondatori, all'unisono, abbiano esclamato «Atalanta!», come l'eroina della mitologia abilissima nella corsa.

I cinque dissidenti della Giovane Orobia (una società sportiva di Bergamo Alta) volevano portare lo sport al popolo, ma avevano scelto un riferimento del mondo classico. Così, Atalanta fu. E come primo presidente fu eletto il nobile Vittorio Adelasio.

Ovviamente la nascita del nome è leggenda, quindi un falso, esattamente quanto la data della fondazione. Perché il 17 ottobre non è il giorno dell'incontro tra i fondatori in trattoria, ma quello in cui i giornali di Bergamo diedero notizia della neonata associazione: «Da un gruppo di giovani volenterosi venne in questi giorni costituita in Bergamo una società sotto il nome di Sport Club Atalanta».

Eh, ma in quale di «questi giorni»? Impossibile saperlo. E allora – una data di compleanno non la si nega a nessuno – dalla festa per il centenario del club (2007) il mondo Atalanta ha convenzionalmente deciso di festeggiare il 17 ottobre. Cioè, il giorno in cui i giornali hanno pubblicato la notizia della sua nascita. Anche se, ovviamente, l'Atalanta è nata prima.

E, poi, una *fake* che ormai ha preso piede ovunque. L'Atalanta nel mondo classico era un'eroina, cioè la figlia di un dio e di un genitore mortale. Non una dea. Per essere tale, avrebbe dovuto avere entrambi i genitori divini. Tra l'altro, dai testi sacri risultano diverse versioni sui genitori: Arcade, Scheneo, Menalo. Quest'ultimo era un monte personificato. Un dio. Invece, per l'opinione pubblica, l'Atalanta è la Dea (con tanto di maiuscola, per intenderlo come nome proprio...): soprannome comodo e suggestivo per titoli di giornale, declamazioni televisive e striscioni in curva. Ma la definizione è sbagliata, come abbiamo visto per la mitologia greca è un dio (o una dea) solo il figlio di due genitori a loro volta entrambi dèi; mentre è un eroe (o un'eroina, una ninfa) l'erede di un dio (o di una dea) e di un genitore mortale.

Mezzofondisti alle Olimpiadi. E un nuotatore da imprese

La costituzione dell'Atalanta risale dunque all'inizio del Novecento; allora le discipline nobili erano la ginnastica e la scherma, e andavano prendendo sempre più piede atletica e nuoto. Ma i fondatori hanno esagerato, dato che in quel famoso annuncio pubblicato sui giornali nel 1907 è specificato che l'Atalanta «si prefigge di coltivare in modo speciale il podismo, il salto, la lotta, il sollevamento pesi, la palla vibrata, il calcio (meno male!, N.d.A.), il lancio del disco e del giavellotto, nonché il nuoto e le marce in montagna».

Qualsiasi disciplina possibile, insomma. E con l'aggravante – ai tempi era un vincolo – che per praticare il calcio in modo serio serviva un vero campo da gioco, a Bergamo in realtà sorto solo diversi anni dopo. Infatti, agli albori, c'era giusto una non meglio identificata «rappresentativa» dell'Atalanta che veniva saltuariamente invitata a tornei «di football» o a gare amichevoli in altre città. Niente di stabile.

Così, i primi soci dell'Atalanta diventati celebri sono due podisti e un nuotatore. Alfonso Orlando e Guido Calvi, entrambi mezzofondisti, erano tra gli Azzurri selezionati per rappresentare l'Italia alle Olimpiadi di Stoccolma del 1912. Orlando è addirittura arrivato quinto nella finale dei diecimila metri, a due posizioni da una medaglia olimpica. Ben centododici anni fa. Era un tesserato dell'Atalanta anche uno tra i primi eroi sportivi bergamaschi (per come lo sport veniva inteso ai tempi): Enrico Tiraboschi, classe 1888, è stato il primo uomo al mondo capace di attraversare La Manica a nuoto in meno di un giorno. Socio del club dal 1909, vincitore di tantissime gare in acqua, uomo colto e attento studioso di qualsiasi bacino dovesse attraversare, Tiraboschi era diventato un vero e proprio specialista delle sfide sulle lunghe distanze. Una sorta di Gregorio Paltrinieri *ante litteram*, per intenderci.

È del 1923 l'impresa che l'ha reso immortale: Tiraboschi ha stabilito il nuovo record della traversata della Manica, che era di oltre ventiquattro ore, abbassandolo a 16 ore e 33 minuti (25 minuti, secondo alcune fonti). Due le intuizioni che gli hanno permesso l'exploit: ha scelto di nuotare dalla Francia all'Inghilterra – quindi da Calais a Dover, nella direzione inversa a quella abituale ai tempi – e l'ha fatto non seguendo la via più breve, che l'avrebbe obbligato a sfidare le correnti più impetuose, ma assecondando il corso naturale dell'acqua. Questo lo ha portato a nuotare per molti chilometri in più dei trenta abituali, ma ovviamente a una velocità di molto superiore.

Al rientro in patria, a Roma, l'ha ricevuto con tutti gli onori il capo del governo, Benito Mussolini; all'arrivo a Bergamo i suoi tifosi l'hanno portato in trionfo per le vie della città. Be', la festa di quel 1923 è diventata una tradizione: sono tante le celebrazioni in piazza che Bergamo ricorda, ma nessuna paragonabile a quella per Tiraboschi (la prima non la scordi mai...) e all'ultima, del maggio 2024, quando i bergamaschi hanno accompagnato per le vie della città l'autobus scoperto con a bordo l'Atalanta che aveva appena vinto l'Europa League.

Le feste di popolo nello sport non cambiano mai, nuoto o calcio che sia.

Il calcio: la Grande Guerra, lo spareggio

Già, il calcio. L'Atalanta agli albori si dedicava dunque a discipline d'ogni genere. Pare che avesse anche una formazione fortissima di «palla vibrata», una specie di lancio del martello a squadre con la possibilità di presa al volo e rilancio nel campo avversario. Poi la società ha ufficialmente costituito la sua prima sezione calcio nella primavera del 1913: «Il Consiglio Direttivo della società Atalanta ha recentemente costituito una sezione Foot Ball» hanno annunciato i giornali dell'epoca.

La prima partecipazione dei bianconeri (sì, bianconeri, non è un errore: ci torniamo più avanti…) a un campionato ufficiale è dell'anno seguente. Nel 1914 l'Atalanta viene ammessa al campionato regionale di Promozione grazie a due credenziali da leccarsi i baffi. Anzitutto un'amichevole con l'Inter persa «solo» 2-1 di fronte ai dirigenti regionali arrivati a Bergamo per verificare la competitività della squadra. E, secondo, la disponibilità di un vero e proprio stadio, il primo sorto a Bergamo; sino ad allora si giocava negli spazi aperti del Campo di Marte cittadino, usando dei sassi come pali delle porte, mentre la traversa era un optional. Ci siamo passati tutti, da bambini.

Lo stadio era dotato di una tribuna in legno da ottocento posti e localizzato lungo il corso della ferrovia, a duecento metri dall'attuale stazione. Si narra che i macchinisti rallentassero i treni ben prima dell'arrivo per permettere ai passeggeri di seguire quei «giovanotti in mutande» che rincorrevano un pallone.

Sei mesi dopo, però, la Storia ha interrotto quel primo campionato «vero» giocato dall'Atalanta. L'ultima giornata del girone finale – Pro Lissone-Atalanta, in calendario il 30 maggio 1915 – è stata annullata perché pochi giorni prima, lunedì 24 maggio, l'Italia aveva dichiarato guerra all'Austria, entrando nella Prima guerra mondiale. «Viva l'Italia!» concludeva il comunicato ufficiale di congedo del Comitato regionale lombardo, che allora gestiva i campionati.

Il calcio si è fermato, i campionati sono ricominciati quattro anni dopo e l'Atalanta è ripartita da una delle gare più importanti e al contempo da uno dei momenti più drammatici della sua storia. Il 5 ottobre 1919, sul campo neutro di Brescia, si è giocata Atalanta-Bergamasca 2-0, spareggio per l'ammissione al campionato di Prima categoria, necessario perché la Federazione aveva assegnato un solo posto a Bergamo, ma le pretendenti erano due. L'Atalanta, che ha vinto, è stata ammessa all'allora serie A (la Prima categoria su base regionale; dopo le fasi finali, nel maggio successivo, l'Inter ha vinto il suo secondo scudetto); la Bergamasca ha perso ed è stata iscritta alla Promozione (alla serie B).

E, poche ore dopo la partita-spareggio, ecco la prima tragedia nella storia della squadra. Durante il rientro a Bergamo il portiere di riserva, il tenente Stefano Balzarini, ventidue anni, figlio del sindaco di Brivio (nel Comasco), è morto in un incidente stradale. Balzarini, arrivato in ritardo a Bergamo e perso il treno preso dalla squadra per andare a Brescia, aveva noleggiato un'auto con conducente per raggiungere i compagni. Sulla strada del ritorno il veicolo, con a bordo sette persone, si è ribaltato in una curva a Palosco – primo paese della Bergamasca rientrando da Brescia – e Balzarini, sbalzato fuori dall'auto, ha perso la vita.

Storie di gioie e di tragedie

Il tempo ha poi mostrato che quella era solo la prima di alcune tragedie che hanno segnato la storia del club. E tutte in concomitanza con momenti di gioia. L'Atalanta ha vinto senza poter festeggiare la Coppa Italia 1963 – l'unico trofeo della sua storia fino al maggio 2024 –

perché Giovanni XXIII, il papa bergamasco, era in coma. Il «papa buono» è morto, a Roma, il giorno dopo.

Nel 1964, poco dopo la prima partecipazione ai grandi tornei europei (Coppa delle Coppe) è scomparso Daniele Turani, il presidente dal dopoguerra.

Nel 1990, alla vigilia della gara inaugurale dei Mondiali in Italia, con l'atalantino Claudio Caniggia, che avrebbe giocato titolare a Milano nell'Argentina di Diego Maradona, il presidente Cesare Bortolotti è morto in un incidente stradale a cento metri da casa. Aveva trentanove anni, rientrava dal caffè dopo aver concordato con gli amici gli orari di partenza per San Siro del pomeriggio seguente.

Nel 1997, per la prima volta, un atalantino, Pippo Inzaghi, ha vinto il titolo di capocannoniere del campionato di serie A. Ma nessuna festa: erano scomparsi da poco, in un incidente stradale sulla Milano-Laghi, il suo compagno di squadra Federico Pisani, ventidue anni, e la fidanzata Alessandra Midali, diciannove anni. A Pisani è stata intitolata la curva nord dello stadio cittadino.

Nel 2013, dopo una lunga malattia, è scomparso il presidente Ivan Ruggeri; il giorno dopo l'Atalanta ha vinto 4-3 a San Siro con l'Inter, una delle gare che lui sentiva in modo particolare, e si è poi ripetuta (2-1) nella stagione successiva. Da allora i bergamaschi non hanno più vinto il derby nerazzurro in trasferta.

Nel 2020, il 19 febbraio, l'Atalanta ha giocato la gara più importante (fino a quel momento) della sua storia, in campo internazionale: l'andata dei quarti di finale di Champions League. I nerazzurri hanno battuto 4-1 il Valencia, a San Siro (stadio dei bergamaschi in Champions), davanti a 45.792 spettatori, record di presenze probabilmente impossibile da superare in una gara interna dell'Atalanta, dato che lo stadio appena ristrutturato ha solo venticinquemila posti. Il giorno dopo, a Codogno (Lodi), è stato identificato il paziente 1 ammalato di Covid in Italia; due giorni dopo, in Veneto, c'è stata la prima vittima (di Vò Euganeo, Padova). E dopo altri quattro giorni i primi casi rilevati in provincia di Bergamo, in un territorio poi diventato l'epicentro italiano della pandemia: migliaia di morti, simboleggiati dalle drammatiche immagini della colonna di camion militari che uscivano dalla città carichi di bare.

Solo mesi più tardi si è capito che Atalanta-Valencia era stata probabilmente un focolaio inconsapevole per la diffusione del virus.

La fusione, il nerazzurro. I primi stranieri

Ma torniamo al 1919. Una settimana dopo aver vinto lo spareggio di Brescia, i bianconeri dell'Atalanta hanno cominciato il loro secondo campionato, inaugurando uno stadio nuovo a due passi dal manicomio, alla Clementina, un quartiere allora fuori città. «È il posto giusto per dei matti come noi!» sostenevano i dirigenti, grati alla benefattrice Betty Ambiveri, nota imprenditrice cittadina e già madrina all'inaugurazione del primo campo, che aveva messo a disposizione gratuitamente l'area.

Quello è stato l'ultimo campionato prima della fusione dell'estate successiva con i biancazzurri della Bergamasca, gli avversari battuti l'anno prima a Brescia.

Così, nel 1920, è nata la Atalanta e Bergamasca di ginnastica e scherma. E – come espressamente previsto negli accordi stipulati nella notte di Pasqua, ovviamente in trattoria – le due società hanno abbandonato il bianco, il colore comune, e dal nero dell'Atalanta unito all'azzurro della Bergamasca è nato il nerazzurro dei colori sociali, che sono diventati il segno distintivo del club.

Parentesi: come avevano previsto i soci della Bergamasca, riottosi alla fusione durante le trattative sul nuovo nome, ben presto «Bergamasca» è inevitabilmente diventato il secondo nome... dell'Atalanta.

Nel decennio trascorso prima della nascita del calcio moderno in Italia, con l'unificazione che ha portato al campionato a girone unico dal 1929-30, la storia dell'Atalanta è segnata da diversi eventi. Anzitutto dall'arrivo dei primi calciatori stranieri. Nel 1925 il successo del calcio danubiano, che in quel periodo affascinava l'Europa unendo la tecnica a inusuali conoscenze tattiche, ha portato a Bergamo due personaggi agli antipodi che poi il tempo ha reso leggende: Gedeon Lukács e Jeno Hauser.

Il primo, Lukács, era un centravanti di gran classe, un autentico *viveur* di fine Ottocento, elegante nella vita e raffinato nei gusti femminili e nel calcio. Ha segnato trentatré gol in due stagioni, prima di tornare in patria per la decisione della Federcalcio di chiudere il campionato agli stranieri. Il secondo, Hauser, era una mezzala prestante, ma dal carattere introverso (non aveva amici e non ne cercava) e penalizzato da una grave miopia. Ha lasciato Bergamo dopo un solo anno.

Campioni, lo stadio. Bestia nera del Grande Torino

Gli altri eventi del periodo sono entrambi datati 1928: a giugno la vittoria del campionato di Prima Divisione (la serie B del periodo) e a novembre l'inaugurazione del nuovo stadio di Bergamo.

L'Atalanta – allenata da Imre Payer, ungherese come i suoi primi stranieri e che ha giocato persino in Nazionale – si è laureata campione d'Italia di Prima Divisione ed è salita in serie A (in Divisione nazionale) battendo 3-0 la Pistoiese, nella finale giocata a Faenza. Biellese e Bari per problemi economici avevano rinunciato alla ripetizione del girone di semifinale, che si era concluso con le quattro squadre tutte a pari punti. Sì, erano gli anni eroici e i campionati si vincevano anche così.

L'altro momento storico del decennio è l'edificazione del nuovo stadio cittadino. Dove prima c'era un ippodromo, è stato costruito una sorta di centro sportivo: piscine, campi da basket, campi da tennis e corsie per le bocce, ma soprattutto uno stadio, per i tempi avveniristico (era il 1928) con pista di atletica intorno al campo da gioco e tribune in grado di ospitare quattordicimila spettatori. Il fiore all'occhiello dell'impianto era la copertura a sbalzo della tribuna, lunga 12,80 metri, la prima del genere costruita in Italia. Ne parlano i libri di architettura.

Quella tribuna oggi, quasi un secolo dopo (novantasette anni), è ancora lì, uguale. C'è un vincolo della Sovrintendenza che impedisce di metterci mano, come anche alla tribuna sull'altro lato lungo dello stadio di Bergamo.

Ma torniamo al calcio. Dal girone unico del 1929, Bergamo ha vissuto da protagonista novantatré anni di calcio, interrotti solo dalla Seconda guerra mondiale. Dall'unificazione, l'Atalanta ha militato per otto stagioni in serie B prima di arrivare nel grande calcio. La prima promozione in A è arrivata nella primavera del 1937, con un merito speciale che poi nel tempo diventerà uno dei segni distintivi della storia della società calcistica. Tra gli undici titolari della squadra salita alle vette del calcio italiano giocavano ben sette bergamaschi.

Seguono una sola stagione ai vertici, due in B prima di risalire, altri tre campionati consecutivi in serie A prima della guerra. Il periodo è caratterizzato dalla promozione sfiorata dall'allenatore poi diventato un eroe – Géza Kertész, uno Schindler passato da Bergamo – e da un'impresa che diventerà una costante: la prima vittoria dell'Atalanta sul Grande Torino.

La storia di Géza Kertész è memorabile. Ungherese, da calciatore arrivato anche in Nazionale, ha allenato per vent'anni in Italia, rientrando in patria nel 1943, alla sospensione dei campionati durante la Seconda guerra mondiale. Ex tenente colonnello dell'esercito, Kertész a Budapest è diventato il cervello di un'organizzazione che ha salvato decine di partigiani e di ebrei dai campi di concentramento. Arrestato per la denuncia di un delatore, è stato fucilato dai nazisti il 6 febbraio 1945, pochi giorni prima della liberazione di Budapest. In Ungheria è un «martire della patria».

Nel 1938-39 Kertész ha allenato l'Atalanta in serie

B, mancando la promozione per il peggior quoziente reti. All'ultima giornata, la sfida al vertice Atalanta-Venezia si è chiusa 0-1, cioè con l'unico risultato che avrebbe permesso agli ospiti di agganciare l'Atalanta in testa alla classifica e di precederla per la regola – in vigore solo quell'anno – utilizzata in caso di arrivo a parità di punti: gol fatti diviso gol subiti. Con qualsiasi altro risultato, anche nel caso di sconfitta con un gol di scarto ma segnando almeno una rete, sarebbero stati promossi i nerazzurri.

L'Atalanta in quel periodo si è anche dimostrata, sul campo, la bestia nera del Grande Torino. Negli anni dei cinque scudetti che hanno preceduto la tragedia di Superga, i campioni granata hanno perso ben quattro volte su cinque a Bergamo. E per tre volte è successo nel Dopoguerra, aperto nel 1945-46 dalla sola stagione di serie A non giocata a girone unico dai tempi dell'unificazione del 1929.

In quel campionato l'Atalanta ha schierato anche Giuseppe Meazza – il più grande giocatore italiano di tutti i tempi – che a trentacinque anni, ormai a fine carriera, ha comunque segnato due gol: con il primo ha pareggiato il derby di confine con il Brescia (1-1), con il secondo ha battuto la «sua» Inter (2-1). Un bel modo per entrare nella storia dell'Atalanta.

Nel frattempo, a livello societario, le gestioni più o meno collegiali che avevano segnato i primi quarant'anni di vita della squadra, dalla ripresa dopo la Seconda guerra mondiale, hanno lasciato il posto a una solidissima stabilità.

I campioni del Nord. Maschio e la Coppa Italia

Inizialmente, per vent'anni dall'immediato Dopoguerra, la società è stata gestita dal tandem Daniele Turani-Luigi Tentorio. Il primo era industriale nel settore del pellame, notissimo dirigente sportivo bergamasco, per tre legislature anche senatore della Democrazia cristiana. Il secondo era un ex giocatore dell'Atalanta degli anni Trenta che nei fatti è diventato una sorta di amministratore delegato/direttore generale del club. Decideva tutto lui, racconta la storia, quasi sempre anche la formazione. E, infatti, non ha mai voluto allenatori troppo carismatici, o ingombranti. Visti i risultati, è chiaro che ci capiva, al punto che negli anni Cinquanta per quattro anni è stato anche tra i componenti di una delle commissioni tecniche che ai tempi gestivano l'Italia. Sì, la Nazionale.

Tra gli aneddoti simbolici della sua gestione c'era l'abilità di amministrare l'Atalanta senza obbligare il presidente (e i suoi collaboratori) a continui esborsi di denaro. Tentorio contava su un pacchetto di fidejussioni che venivano regolarmente sottoscritte, in fiducia, dai principali industriali bergamaschi. Erano gli anni in cui il calcio viveva sulle garanzie presentate alle banche dalle società. L'ingegnere, a inizio stagione, monetizzava le fidejussioni e, a fine campionato grazie alle plusvalenze di mercato, le riscattava dalle banche e le restituiva ai firmatari. E nessuno ha mai perso soldi. L'Atalanta già allora era specializzata in gestioni economiche virtuose.

Quell'Atalanta è rimasta per ventidue anni su ventitré in serie A, unica eccezione il 1958-59 vissuto in serie B (vincendo il campionato) dopo una retrocessione per illecito inflitta dalla giustizia sportiva e cancellata un anno dopo: assoluzione piena all'ultimo grado di giudizio. La squadra, però, nel frattempo, era già tornata in A sul campo.

Un segno distintivo già evidente in quel periodo era la capacità del club di scovare giocatori semisconosciuti nei campionati del Nord Europa, per poi valorizzarli, cederli alle grandi squadre e realizzare plusvalenze che consentivano di coprire i costi della gestione societaria. Quando non si facevano plusvalenze con i figli del vivaio, succedeva con gli stranieri, ingaggiati con trattative personali (nel Nord Europa erano tutti dilettanti) e poi venduti a cifre di lusso.

E quei campioni arrivati dal Nord hanno poi scritto la storia del calcio. Per esempio, il danese Karl Hansen: l'avvocato Gianni Agnelli è venuto a prenderlo a Bergamo con l'elicottero, pur di averlo alla Juventus. Era il 1950. Il suo connazionale Jørgen Leschly Sørensen, che ha poi vinto lo scudetto con il Milan. Lo svedese Hasse Jeppson, «mister centocinque milioni»: lo chiamavano così perché tanto l'ha pagato il comandante Lauro per portarlo a Napoli. Mai nessun calciatore era costato tanto in Italia.

E, ancora, Poul Rasmussen, un centravanti alla Bobo Vieri che, dopo aver segnato cinquantatré gol in centosei partite da nerazzurro, ha chiuso la carriera per un gravissimo scontro di gioco durante una delle prime gare di sempre trasmesse in televisione: Roma-Atalanta 3-2. Aveva trent'anni, ma era il 1955 e, ai tempi, rompersi i legamenti significava chiudere la carriera. O il difensore svedese Bengt Gustavsson, che da atalantino ha giocato i Mondiali 1958 proprio in Svezia, marcando in finale un ragazzino brasiliano di diciassette anni che stava stupendo tutti e sarebbe diventato il più grande di sempre: Edson Arantes do Nascimento, per il mondo Pelé.

Tra gli altri giocatori simbolo, l'argentino Humberto Maschio, che con Omar Sívori e Valentín Angelillo componeva il trio degli «angeli dalla faccia sporca». È considerato il più grande giocatore che abbia mai indossato la maglia dell'Atalanta. Il paradosso è che l'anno dopo averlo ceduto all'Inter (e averlo visto titolare nell'Italia ai Mondiali in Cile del 1962) il club ha vinto il primo trofeo della sua storia, l'unico fino al maggio 2024: la Coppa Italia 1963. Finale giocata a San Siro, Atalanta-Torino 3-1, con tripletta di Angelo Domenghini, un ragazzo di ventun anni, cresciuto nel vivaio, che sarebbe poi diventato uno dei più grandi calciatori italiani di sempre.

Paolo Tabanelli l'allenatore che ha vinto la Coppa Italia; Ivo Fiorentini, Ferruccio Valcareggi e Luigi «Cina» Bonizzoni gli altri tecnici più noti del periodo.

Le società di capitali. Dalla C lo slancio per l'Europa

Dalla seconda metà degli anni Sessanta l'introduzione delle società di capitali – scomparso Turani e uscito di scena per scelta personale Tentorio –, dopo l'iniziale fase di assestamento, ha consolidato definitivamente la stabilità societaria dell'Atalanta. A garantirla quattro grandi famiglie bergamasche: vent'anni di Bortolotti (padre e figlio, Achille e Cesare), altrettanti con i Ruggeri (padre e figlio, Ivan e Alessandro), siamo a diciotto anni con i Percassi (padre e figlio, Antonio e Luca). E con loro i Radici (Gianni e, soprattutto, il fratello Miro), mai in primo piano, ma per decenni in società a vario titolo.

Tutti bergamaschi e tutti con la stessa stella polare: crescere campioni nel vivaio e gestire il club tenendo i conti in ordine. Ci sono le copie dei bilanci redatti dall'introduzione della società di capitali a documentare il rigore di conduzioni che hanno sempre anteposto il buonsenso economico ai voli pindarici. Sì, ci sono tutti i bilanci dal 1967... Solo a Bergamo qualcuno poteva pensare di conservarli.

L'Atalanta sul campo ha vissuto il suo periodo più difficile negli anni Settanta, impreziosito da due spareggi per la promozione in A vinti nel 1971 e nel 1977. Il primo, a Bologna: Atalanta-Bari è stata sospesa sul 2-0 per un'invasione di campo dei tifosi pugliesi e poi è diventata 2-0 a tavolino. Il secondo, sei anni dopo a Genova, è diventato storico: ad Atalanta-Cagliari 2-1 hanno assistito quasi tredicimila bergamaschi, arrivati in Liguria con ogni genere di mezzo di trasporto. Dalla stazione di Bergamo è partita una colonna di centoquarantatré pullman. Era il 1977 (29 giugno), immaginatevi la giornata. Gli ultimi bergamaschi sono entrati sugli spalti, a Marassi, alla fine del primo tempo. È stato un vero e proprio esodo.

Da metà ripresa, quel giorno, in campo c'era un

certo… Antonio Percassi, per l'ultima delle sue centodieci partite giocate con la maglia dell'Atalanta in carriera. Sì, il presidente attuale, che a ventiquattro anni – dopo dieci stagioni tra vivaio e prima squadra – l'estate successiva sarebbe stato ceduto al Cesena. In Romagna, pochi mesi dopo, Percassi avrebbe rinunciato alla carriera da calciatore per tornare a casa, a Bergamo, a occuparsi delle attività imprenditoriali che stava avviando e il cui successo, nel tempo, lo hanno portato a rilevare il club e agli attuali diciotto anni di presidenza. Per ora.

Quegli anni Settanta, vissuti prevalentemente in serie B, sono segnati soprattutto dai campionati con in panchina i bergamaschi (e già giocatori dell'Atalanta) Giulio Corsini e Titta Rota.

All'inizio del decennio successivo è arrivata l'unica stagione giocata dall'Atalanta in C (allora C1). È successo nel 1981-82, dopo una retrocessione imputata, tra le altre ragioni, anche alla seconda maglia… giallorossa, cioè con i colori di Bergamo. Prima non era mai stata usata, da allora ovviamente quell'abbinamento non è più tra i colori previsti per le divise da gioco.

L'anno in serie C – succede nelle storie speciali – anziché far crollare il mondo nerazzurro, ha ricompattato l'intero ambiente avviando il riscatto della gestione Bortolotti, passata da allenatori quali Ottavio Bianchi, Nedo Sonetti e il primo Emiliano Mondonico. Il loro principale interlocutore, che ha operato in società per più di trent'anni, è stato Franco Previtali, un direttore sportivo assolutamente unico. Bergamasco, facoltoso (aveva sposato la sorella di Miro Radici, che per decenni ha avuto un ruolo significativo nell'azionariato), Previtali lavorava per l'Atalanta a tempo pieno, a titolo completamente gratuito e con competenze calcistiche ampiamente riconosciute da tutto il mondo del football. Era uno dei segreti dell'Atalanta e di Bergamo.

Con la collaborazione sua e degli allenatori citati, Cesare Bortolotti, che al primo anno di presidenza era finito in C1, in un decennio ha guidato l'Atalanta fino in Europa: alla semifinale di Coppa delle Coppe e a due qualificazioni per la Coppa Uefa.

Dite Malines. E tutti faranno memoria

La corsa fino alla semifinale di Coppa delle Coppe del 1987-88 è culminata in una giornata epica: la sfida di Bergamo ai belgi del Malines. Pronunciate questo nome e ogni bergamasco vi saprà dire dov'era quel 20 aprile 1988. È come chiedere a un appassionato di calcio di almeno sessant'anni dov'era il giorno di Italia-Germania 4-3, ai Mondiali di Messico '70.

La giornata della sfida al Malines è stata la memorabile festa di una terra che si presentava orgogliosa sul palcoscenico internazionale: Bergamo centro del calcio europeo, protagonista inattesa perché si è ritrovata come unica squadra italiana rimasta in gara pur giocando in serie B. L'Atalanta, infatti, era stata ammessa alla Coppa delle Coppe in qualità di finalista della Coppa Italia battuta dal Napoli di Maradona che, avendo vinto anche lo scudetto, si era già qualificato per la Coppa dei Campioni.

Da quella prima cavalcata in Europa dei tempi moderni, tale da accendere i sogni dell'intero mondo nerazzurro, è poi nata la voglia di tornare nelle coppe. E, infatti, l'Atalanta di Strömberg, Evair e (poi) Caniggia ha conquistato le due qualificazioni consecutive per il secondo torneo continentale, l'allora Coppa Uefa. Sembrava che a Bergamo stesse cambiando la dimensione del club, ma – il 7 giugno 1990 – ecco l'incidente stradale nel quale è tragicamente scomparso il presidente Cesare Bortolotti.

L'era Favini: il vivaio è un fiorir di promesse

La storia è cambiata ed è arrivata la prima gestione Percassi, il cui fiore all'occhiello è stata la decisione, nel 1991, di portare all'Atalanta Mino Favini come responsabile del settore giovanile. Ex centrocampista di qualità (all'inizio degli anni Sessanta, per due stagioni, anche dell'Atalanta...), brianzolo di Meda arrivato dal Como, Favini è rimasto all'Atalanta per ventiquattro anni. A Bergamo, confermandosi il più importante talent scout italiano del periodo, ha cresciuto decine di ragazzi che poi sono arrivati in serie A, tanti ai grandi club, diversi in Nazionale.

Quell'Atalanta che combatteva per salvarsi in serie A, ogni anno doveva vendere i suoi gioielli per far quadrare i conti. A beneficiare più di tutti dello straordinario lavoro di Favini è stata la gestione di Ivan Ruggeri – prima per tanti anni consigliere e poi vicepresidente del club nerazzurro – che nel 1994 è subentrato a Percassi. Durante i suoi vent'anni ai vertici del club, il settore giovanile dell'Atalanta sembrava la casa di Monet a primavera: spuntavano fiori in ogni dove.

E dall'unico doppio campionato giocato in B durante la gestione Ruggeri, a fine millennio, ecco arrivare – contemporaneamente – in prima squadra tanti ragazzi dal settore giovanile. Il presidente ha avuto il coraggio di credere in loro e nell'allenatore, Giovanni Vavassori, lui stesso passato come calciatore dal vivaio alla prima squadra, poi allenatore sia nel settore giovanile sia in prima squadra. La cessione di diversi gioielli come sempre ha permesso di tenere i conti in ordine, per anni.

Solo durante la gestione Favini, in diciannove stagioni – dal 1992 al 2010 –, il vivaio dell'Atalanta ha vinto dodici scudetti, tre Coppe Italia Primavera e un Torneo di Viareggio, rinverdendo una tradizione ormai centenaria. Un altro dei segreti dell'Atalanta, infatti, è proprio la storica attenzione del club per l'attività giovanile. La società da sempre cresce ragazzi, li valorizza portandoli in prima squadra e poi li cede realizzando plusvalenze vitali per il club.

Da anni le statistiche raccontano che il vivaio dell'Atalanta è quello con più giocatori approdati nelle tre categorie professionistiche del calcio italiano. Oggi in serie A ci sono sedici giocatori usciti dalle fila nerazzurre, senza considerare quelli presi altrove, valorizzati e ceduti. In dieci delle diciannove rivali che affronta in campionato, l'Atalanta trova figli del lavoro svolto a Zingonia.

I segreti di Zingonia. In dodici ettari nel verde

Zingonia. È la località della pianura bergamasca – venti chilometri a sud del capoluogo – celebre perché ospita la sede dell'Atalanta, ma che è complicato definire paese perché il suo territorio è frammentato tra cinque diversi comuni. Ormai più di venti anni fa (era il dicembre 2003) il club ha lasciato la città – dove oggi ci sono lo stadio, due store e uffici di rappresentanza – per trasferirsi nella palazzina costruita nel suo centro sportivo, via via ampliato fino a diventare il gioiello di oggi.

Il Centro Bortolotti – intitolato alla famiglia che dal 1970 al 1990 ha gestito la società e ha avuto l'intuizione di acquistare quel centro sportivo per gli allenamenti – oggi ospita la sede dell'Atalanta, con uffici, residenza per la squadra e ristorante, spogliatoi, palestra, piscina, sale riunioni e ogni genere di servizio per la prima squadra.

In una seconda palazzina c'è l'Accademia Favini, la sede del settore giovanile, intitolata al già citato responsabile del vivaio. E anche lì ci sono uffici, spogliatoi e tutte le infrastrutture necessarie per fare calcio. Intorno ai due stabili, su una superficie complessiva di quasi centoventimila metri quadrati – dodici ettari immersi nel verde – ci sono sette campi da calcio regolari (alcuni con tribuna), che presto diventeranno otto, per un ampliamento già programmato su aree adiacenti da poco acquistate. Nel centro, circondato da un filare interminabile di pioppi cipressini che lo rendono privatissimo, lavorano circa duecento persone.

Lì, oltre alla prima squadra, si allenano quotidianamente centinaia di ragazzi, tanti dei quali diventeranno professionisti, alcuni raggiungendo il grande calcio. Il movimento è impressionante. Perché l'Atalanta per la seconda stagione gioca in serie C con l'Under 23, nella quale ci sono praticamente solo ragazzi cresciuti nel vivaio.

E, scendendo di categoria (e di età), dalla Primavera ai bambini nati nel 2018 che giocano adesso i primi tornei, la società presenta al via diciotto squadre, per un totale di 418 tesserati (più altri centocinquanta circa che frequentano la scuola calcio organizzata dal club, ma questo dato è stimato). Sei formazioni sono femminili (111 atlete). Dei 418 tesserati 380 sono lombardi, 26 provengono da fuori regione, 12 sono stranieri. Oltre che sugli otto campi di Zingonia, il settore giovanile dell'Atalanta opera in altri cinque centri sportivi dei paesi limitrofi, perché i campi non bastano mai.

Tutto questo è più di un'azienda. È quasi naturale che diversi di questi 418 tesserati poi vincano titoli e diventino professionisti: non è una previsione azzardata, è la storia a dirlo. Il vivaio dell'Atalanta complessivamente vanta un palmarès impressionante: venticinque trofei nazionali vinti, più decine di manifestazioni di alto livello, a partire da due edizioni del Torneo di Viareggio. Il primo titolo risale al Dopoguerra (il Campionato Ragazzi 1948-49); l'ultimo è il primo, storico scudetto assegnato nella categoria Under 16, vinto nel giugno 2024 con una rosa composta in gran parte da bergamaschi e per la quasi totalità da lombardi.

Nella squadra del primo scudetto giovanile c'erano

Titta Rota e Livio Roncoli, due terzini bergamaschi poi arrivati, insieme, a ventitré stagioni e 450 presenze nell'Atalanta. Chi arriverà al grande palcoscenico dell'Under 16 che ha appena conquistato il tricolore, lo sapremo tra qualche anno.

Domenghini e Savoldi, Scirea e Donadoni. Da Fenili e Ceresoli

Scegliere tra i simboli del calcio italiano quale può essere considerato l'emblema del vivaio dell'Atalanta è complicato. Angelo Domenghini (1941), Beppe Savoldi (1947), Gaetano Scirea (1953) e Roberto Donadoni (1963) sono i figli più celebri del club nerazzurro. Ma Bergamo sa che tutto è cominciato molto, molto tempo prima.

Era il 1925, quando l'Atalanta per la prima volta ha ceduto un suo giocatore in serie A, alla Juventus, che poi per più di mezzo secolo è stato il club di riferimento per la società nerazzurra. Era il bergamasco Camillo Fenili, classe 1904, un'aletta veloce nel dribbling che si era messo in evidenza nell'Atalanta in Seconda Divisione (la serie B prima di una delle tante riforme dei campionati). Fenili, l'anno successivo, il 22 agosto 1926, è stato il primo calciatore bergamasco a vincere lo scudetto in Italia, con la Juventus (15 presenze). Per i bianconeri era il secondo titolo. Poi Fenili ha fatto il professionista per altri dieci anni, giocando col Napoli i primi campionati a girone unico e tornando all'Atalanta nove anni dopo la sua cessione. Ci ha giocato fin quando è dovuto partire per la guerra in Etiopia. Erano davvero altri tempi.

Carlo Ceresoli è stato, invece, il primo grande del calcio italiano cresciuto dall'Atalanta. Sarebbe dovuto scendere in campo da titolare entrambi i Mondiali vinti dall'Italia di Vittorio Pozzo, nel 1934 e nel 1938, ma per due volte si è infortunato alla viglia della competizione e non ha potuto giocare. Non basta: a rendere incredibile la sua storia c'è il titolo di «Leone di Highbury». Tra un Mondiale e l'altro, una volta guarito, Ceresoli è tornato in Azzurro e, il 14 novembre 1934 (era all'Inter), è entrato nella leggenda giocando da titolare Inghilterra-Italia 3-2, un'amichevole disputata a Londra contro i maestri inglesi che ai tempi si rifiutavano di disputare i tornei ufficiali perché si consideravano troppo superiori al resto del mondo. Nell'occasione, Ceresoli ha parato un calcio di rigore a Brooks, il capitano dell'altra squadra, deviando in angolo il tiro forte e angolato dell'avversario con quella che da sempre è considerata una delle parate più belle della storia del calcio. C'è una splendida fotografia a immortalarlo.

A diciotto anni Ceresoli è diventato il portiere titolare dell'Atalanta in serie B; dopo quattro stagioni, nel 1932 è stato ceduto all'Inter, a seguire la Nazionale, il Bologna (con il quale ha vinto due scudetti), poi Genoa e Juventus. La sua carriera è finita con lo stop al calcio causato dalla Seconda guerra mondiale. Dopo il conflitto Ceresoli, tra le altre squadre, ha allenato per tre periodi anche la prima squadra dell'Atalanta, per la quale ha fatto pure l'allenatore del vivaio, l'allenatore in seconda e l'allenatore dei portieri. Pizzaballa e Cometti (in due delle 377 presenze nel club) sono cresciuti tra i pali seguendo i suoi insegnamenti.

Tutto nella tradizione dei grandi personaggi che hanno segnato la storia del settore giovanile nerazzurro. A guidarlo, figure storiche come Giuseppe «Papà» Ciatto, un commerciante di mobili usati che aveva trasformato il suo negozio nel quartier generale del settore giovanile nerazzurro. O il dottor Giuseppe Brolis, negli anni Sessanta ideatore della convenzione con la Casa del Giovane, un pensionato nel quale alloggiavano i ragazzi arrivati da fuori Bergamo, che così potevano frequentare le scuole cittadine continuando gli studi alternati agli allenamenti. O, ancora, Pier Luigi Pizzaballa, l'ex portiere, quello della famosa figurina Panini introvabile (la numero 1 del 1963-64). Dopo di loro Mino Favini e, oggi, Roberto Samaden.

Memorabile, tra i tanti aneddoti legati al vivaio dell'Atalanta, è quello che rappresenta il «maestro» (era un maestro delle scuole elementari), al secolo Raffaello Bonifaccio. Era un selezionatore che dagli anni Settanta al Duemila molti club hanno provato a ingaggiare, senza mai riuscirci; era bergamasco, considerava «naturale» lavorare per l'Atalanta. Bonifaccio – noto perché circolava con una Fiat 500 blu – era diventato celebre poiché, seguendo le leve di selezione che ogni società ai tempi organizzava, aveva la dote di «vedere», nei tantissimi ragazzi di nove-dieci anni che scorrazzavano in giro sui campi quali tra loro sarebbero diventati futuri calciatori. Ci sono state intere squadre arrivate ai tornei Juniores e Primavera composte da ragazzi che il «maestro» aveva selezionato da bambini ed erano approdati al calcio di vertice. Essere «scelti» bambini da Bonifaccio era già sentenza.

Dai Ruggeri al ritorno dei Percassi

Torniamo agli eventi. Ruggeri – compresa la gestione dei figli – ha collezionato undici stagioni di serie A e cinque di B, con quattro promozioni. È sempre tornato in A al primo colpo, a parte una volta. Sono arrivati gli anni di Pippo Inzaghi, poi di Bobo Vieri e della terza finale di Coppa Italia, persa contro la Fiorentina di Batistuta. Tra i tecnici più rappresentativi: Emiliano Mondonico (il secondo ciclo), Giovanni Vavassori, il primo periodo di Stefano Colantuono e Gigi Del Neri.

Dopo quattordici anni di gestione, però, una grave malattia ha tolto di scena Ivan Ruggeri, proprio mentre la squadra (2007 e 2008) sembrava vicina alle soglie di un nuovo ingresso in Europa League. A seguire, la società ha vissuto l'ultimo momento difficile della sua storia, caratterizzato nel 2010 dalla retrocessione in serie B, al termine dell'unica stagione nella storia del club che ha contato quattro allenatori diversi in panchina. A Bergamo non era mai successo.

Quella retrocessione ha riportato in società la famiglia Percassi, il padre Antonio di nuovo presidente, il figlio Luca amministratore delegato (le cariche sono le stesse ancora oggi). Come suo padre, da calciatore Percassi junior aveva fatto la trafila nel settore giovanile, vincendo anche uno scudetto Primavera (1997-98: dodici giocatori di quella squadra hanno poi giocato in prima squadra nell'Atalanta, o in serie A).

A Bergamo, con la nuova proprietà, è subito cambiato il vento. Perché per evitare il pericolo che il rapporto con il mondo nerazzurro si intaccasse, i Percassi hanno cominciato il loro nuovo percorso con due proposte choc.

L'appartenenza è ius soli. *Il dramma Calcioscommesse*

Anzitutto la società ha offerto abbonamenti al campionato di serie B a prezzi talmente bassi che sono state sottoscritte 16.195 tessere, record di sempre per il club. L'anno prima, in A, ci si era fermati a 7980 abbonati. Ma l'incasso dell'iniziativa è risultato imbarazzante: meno di un milione e mezzo, la media è di ottantaquattro euro a tessera, che con ventuno gare da giocare in casa porta esattamente al prezzo di quattro euro a partita, per veder l'Atalanta stravincere il campionato. All'esordio con il Vicenza hanno assistito 21.286 spettatori. Per ricontarne tanti serviranno quattordici anni e la ristrutturazione dello stadio.

Poi i Percassi hanno organizzato e lanciato il progetto «Neonati atalantini», dando pratica attuazione a un'idea geniale la cui risonanza ha fatto il giro del mondo. L'Atalanta ha deciso, dal dicembre 2011, di accogliere tutti i bambini che nascono negli ospedali di Bergamo e provincia con un omaggio di benvenuto. A ciascuno viene consegnata una confezione con la scritta «Nato atalantino» che contiene una minimaglietta (nerazzurra) e una lettera firmata dal presidente Antonio Percassi che recita: «Benvenuto, sei nato a Bergamo, ti accogliamo presentandoci. Siamo l'Atalanta, uno dei simboli di questa città».

Da allora, in quattordici anni, sono state distribuite in totale centoventimila magliette a tutti i nati negli ospedali del territorio, alle quali vanno aggiunte le diverse centinaia di richieste da fuori i confini della Bergamasca e regolarmente spedite dal club in ogni angolo del mondo, sempre a titolo gratuito.

L'omaggio di benvenuto è per tutti, senza distinzione di censo, di sesso o di etnia. L'Atalanta, sul suo territorio – nella terra in cui è stato eletto il primo sindaco della Lega Lombarda –, ormai da tre lustri pratica lo *ius soli* a tappeto: nasci qui, quindi sei atalantino. Succede spesso che lo sport anticipi la politica.

Sul campo, nel frattempo, come già accennato, l'Atalanta ha stravinto il campionato di serie B, chiuso con una festa di popolo che ha portato nel cuore della città circa cinquantamila persone (stima delle autorità). È stata una vera e propria celebrazione collettiva che, appena tre giorni dopo, si è però trasformata in un dramma popolare.

Il 1° giugno 2011, infatti, nel calcio italiano è scoppiato il Calcioscommesse, con l'Atalanta coinvolta per responsabilità oggettiva dalle puntate del suo leader e capitano Cristiano Doni, che per il mondo nerazzurro era ormai più di una bandiera. In dieci anni, Doni aveva totalizzato 323 presenze e segnato 103 gol (69 in A) con l'Atalanta, a cui vanno aggiunte 7 presenze in Nazionale e un posto da titolare tra gli Azzurri ai Mondiali 2002 in Corea/Giappone. Ancora oggi è in testa tra i bomber di sempre. La giustizia sportiva ha fatto il suo corso: Doni, che ormai aveva trentotto anni, è stato condannato ed è uscito di scena. L'Atalanta ha subito due penalizzazioni: la prima di sei punti (2011-12) e la seconda di altri due punti nella stagione successiva.

Quello è stato l'ultimo scandalo che ha coinvolto l'Atalanta, nella sua storia passata da tante di queste burrasche. È doveroso ricordarne almeno altri due. Nel 1958 la già citata retrocessione per una partita «aggiustata» con il Padova, condanna poi annullata nell'ultimo grado di giudizio. Nel 2000 un altro processo per scommesse su una tranquilla partita durante il girone eliminatorio di Coppa Italia (Atalanta-Pistoiese 1-1), chiuso con delle assoluzioni che hanno lasciato molto dubbiosi gli appassionati nerazzurri. Infatti, durante il terremoto Calcioscommesse, Doni ha ammesso anche quell'illecito di undici anni prima.

Regina delle provinciali. Verso una nuova era

Ma dalla malattia si guarisce, quando il corpo è sano. Come sempre, il mondo Atalanta ha reagito compatto a quegli otto punti di penalizzazione. La squadra ha recuperato a suon di risultati conquistati sul campo, guidata dal pragmatismo di Stefano Colantuono – il tecnico più longevo e più vincente nella storia del club prima dell'avvento di Gasperini – e trascinata dai gol del nuovo bomber, l'argentino German Denis (cinquantasei reti in serie A con l'Atalanta).

Nonostante quella tremenda bufera, l'Atalanta si è quindi stabilizzata tra le certezze del calcio italiano, pur senza avere coscienza che la sua storia stava per cambiare radicalmente. Infatti, dopo aver festeggiato la quinta salvezza consecutiva (mai il club aveva vissuto un periodo più lungo in A in mezzo secolo, cioè dall'introduzione delle società di capitale), nel calcio nerazzurro stava per succedere ben altro.

Bergamo, per la verità, era già orgogliosa del suo bilancio. In tutto – in centonove anni, fino all'estate 2016 – cinquantasei campionati di serie A (oggi sono sessantacinque, al 2024), ventotto di B, uno solo in serie C, undici tornei prima del girone unico. Con il record di dodici promozioni dalla B (prima in Italia) e il campionato di C subito vinto. Più quattro partecipazioni alle coppe europee (due volte in Coppa Uefa e due in Coppa delle Coppe: numeri che oggi fanno sorridere...), la Coppa Italia vinta nel 1963 e altre due finali perse.

Questo palmarès ha fruttato all'Atalanta il titolo di «regina delle provinciali», perché davanti, nella classifica perpetua delle partecipazioni al campionato di serie A, aveva (e ha) solo i club delle città metropolitane: i due di Milano, Torino, Roma, il Bologna, la Fiorentina, il Napoli e la Sampdoria. Tutte espressioni calcistiche di capoluoghi di regione. E la Samp è lì a un passo: a fine stagione Bergamo potrebbe salire dall'undicesimo al decimo posto assoluto.

Ma la storia dell'Atalanta non si è fermata lì, all'estate del 2016, quando la società si è congedata da Edy Reja (che subentrato a Colantuono aveva raggiunto due salvezze) per ragioni anagrafiche: il tecnico aveva settant'anni, i Percassi volevano programmare. Anzi, da quell'estate del 2016 la storia dell'Atalanta è ripartita. A segnare il confine è l'arrivo a Bergamo di Gian Piero Gasperini, destinato a diventare il protagonista di una nuova era.

La nuova era: dal pre-Gasp al dopo-Gasp

In otto anni – il nono è il 2024, il decimo è già nel contratto tra tecnico e club – Gian Piero Gasperini ha guidato l'Atalanta a grandissime imprese. Con il suo calcio ha contribuito a portare il mondo bergamasco in una nuova dimensione. In una stagione talmente più grande dei centonove anni precedenti da alimentare una battuta ormai patrimonio di tutti: «È come la storia del mondo: nella storia dell'Atalanta c'è un prima di Gasperini e un dopo Gasperini».

La vicenda ha origini incredibili, perché il tecnico piemontese è arrivato a Bergamo per caso. Gasp aveva un contratto con il Genoa, il cui presidente Enrico Preziosi aveva però deciso un cambio della guida tecnica, affidando la squadra a Ivan Jurić (che era il vice di Gasperini). L'Atalanta aveva una sorta di accordo verbale con Rolando Maran, in quel momento allenatore del Chievo, ma la società veronese non intendeva liberarlo. Durante una cena, Preziosi ha suggerito il nome di Gasperini ad Antonio e Luca Percassi. I due dirigenti dell'Atalanta ci hanno pensato una notte e, il giorno seguente, hanno abbandonato la pista Maran e si sono accordati con Gasperini.

Per di più, Gasp a Bergamo ha cominciato con quattro sconfitte nelle prime cinque partite, l'ultima subita in casa col Palermo il giorno dopo che il presidente Antonio Percassi aveva parlato alla squadra, appositamente riunita in palestra. «Gasperini resterà con noi sino a fine campionato, chi non gradisce si faccia avanti e a gennaio sarà ceduto» aveva detto Percassi, cancellando ogni dubbio sul futuro.

Cinque giorni dopo l'Atalanta ha vinto 3-1 in trasferta (a Pescara) quello che per tutti era uno scontro-salvezza con il Crotone, che giocava in Abruzzo le sue gare casalinghe. Da lì è sbocciata la nuova era: in due mesi per i nerazzurri otto vittorie e un pareggio, venticinque punti su ventisette possibili, una scalata dal diciannovesimo al quinto posto in classifica, poi occupato con continuità sino allo sprint di primavera.

Diversi giovani sono diventati certezze, il gruppo-squadra ha assimilato nuovi principi di calcio e l'Atalanta – abituata a difendersi da provinciale per conquistare entusiasmanti salvezze – s'è ritrovata ad attaccare qualsiasi rivale, con aggressività e marcature a uomo, con tanti uno contro uno a tutto campo che imponevano di scalare sempre in avanti, con coraggio. E tutto con un'intensità di gioco inusuale per il calcio italiano. Ne è scaturito un prestigioso quarto posto finale: clamoroso, visto l'avvio di stagione. L'argentino Papu Gómez trascinatore: ha segnato sedici gol giocando da ala sinistra. La qualificazione per l'Europa League era il premio, perché allora in Champions andavano solo le prime tre della classifica.

Attacco sterile? «Dal letame nascono i fior»

L'Atalanta aveva da poco acquistato lo stadio dal Comune di Bergamo, ma servivano tempo e interventi strutturali per metterlo a norma con le regole Uefa; quindi, è andata a giocare a Reggio Emilia, a duecento chilometri da casa. Comunque pochi, per fermare la sua gente: in quasi quindicimila (di media, a partita) sono andati avanti e indietro dall'Emilia per seguire le quattro gare interne del primo anno in Europa League. L'avventura è stata impreziosita dalla vittoria nel girone di qualificazione (con il cameo di un 5-1 sul campo dell'Everton, a Liverpool; ancora oggi è la vittoria più ampia di una squadra italiana in Inghilterra nei principali tornei europei) e, nei sedicesimi, dalla qualificazione sfiorata nella doppia sfida con il Borussia Dortmund.

L'anno dopo, sempre a Reggio Emilia, sono state giocate le tre gare dei preliminari di Europa League. Il cammino si è concluso, il 30 agosto 2018, al decimo calcio di rigore calciato a Copenaghen, nel ritorno del play-off decisivo per l'ammissione alla fase a gironi. È stato l'amaro epilogo di due sfide stregate, entrambe chiuse sullo 0-0, nonostante l'Atalanta avesse praticamente assediato la porta danese. Ben quarantotto tiri in due partite (più i supplementari: 210 minuti) senza riuscire a fare gol.

Un'eliminazione dolorosa, ma che poi è diventata meraviglia.

«Dal letame nascono i fior» ha poetato Fabrizio De André, e infatti da quell'Atalanta che aveva improvvisamente smesso di fare gol (da fine agosto in quarantacinque giorni ben sette partite su nove senza segnare, quindi senza vincere) è nato il miglior attacco del calcio italiano del triennio successivo.

Gasperini ha trasformato il Papu Gómez, fino a trent'anni un attaccante puro, prima in un trequartista e poi in un «tuttocampista». Così ha alzato il tasso tecnico della squadra in giro per il campo e ha dato sempre più spazio a Iličić, Zapata e Muriel. Il primo è arrivato a picchi di rendimento clamorosi: dribbling deliziosi e gol entusiasmanti concentrati in un piede sinistro incredibile. Per quasi tre stagioni, pur senza continuità di rendimento, ha regalato genialità; poi il Covid lo ha segnato sul piano psicologico al punto da impedirgli di tornare nel calcio di vertice.

I due colombiani, invece, hanno segnato gol a raffica (e in ogni modo), completando il gruppo dei quattro beniamini di Bergamo. L'Atalanta ha conquistato tre terzi posti consecutivi in serie A (2019, 2020, 2021), chiudendo per tre volte la stagione con l'attacco più prolifico del calcio italiano: 77, 98 e 90 reti. La media è di oltre due gol segnati a partita.

Tre volte in Champions. La scoperta del turnover

A cascata sono arrivate tre partecipazioni alla Champions League. La prima (2019-20) si è conclusa, dopo la famosa gara pre-Covid di Milano col Valencia, con il quarto di finale in gara unica perso 2-1 (e all'ottantanovesimo l'Atalanta era avanti 1-0...) contro il Psg di Neymar e

Mbappé, a Lisbona. Si stava uscendo dalla prima ondata della pandemia. L'Atalanta (cioè Bergamo) era stata scelta per giocare la prima partita di quel concentramento finale a otto squadre, come simbolo di rinascita.

La seconda Champions (2020-21) dei nerazzurri si è fermata negli ottavi con il Real Madrid, ma dopo che la squadra aveva vinto – giocando a porte chiuse durante la seconda ondata del Covid – ad Anfield dal Liverpool (2-0) e in Olanda dall'Ajax (1-0). E la terza partecipazione dell'Atalanta al principale torneo continentale (2021-22) è finita con un terzo posto nel girone di qualificazione che ha portato alla discesa in Europa League per altre sei partite (primavera 2022), fino ai quarti di finale persi con i tedeschi del Lipsia. Un'altra eliminazione amara quanto preziosa, perché l'Atalanta, giocando dodici gare in Europa, ha scoperto cosa significa dover disputare più di cinquanta partite l'anno. Gasperini aveva già cominciato a ruotare quattordici-quindici giocatori tra i dieci titolari di movimento nel finale di campionato giocato dopo il Covid (2020), conquistando per la seconda volta il terzo posto finale (nove vittorie consecutive a cavallo della pandemia). E due anni dopo il tecnico ha definitivamente messo a punto quella forma di turnover scientifico che ormai è diventato uno dei suoi punti di forza. Dover giocare non 38-40 ma 50-55 gare a stagione non è più stato un problema.

La società ha deciso di ampliare l'organico dei possibili titolari a disposizione, portandoli da tredici-quattordici a sedici-diciassette, tutti molto vicini per valori calcistici. Ecco perché, poi, l'unica stagione senza impegni europei ha permesso ai nerazzurri di conquistare l'ammissione all'Europa League 2023-24 e di vincerla, nel maggio 2024; era la tredicesima partita stagionale in Europa, in una stagione di cinquantasei gare in dieci mesi.

Superata la crisi del settimo anno, l'ottavo di matrimonio tra la società e Gasperini è diventato il più prestigioso di sempre nella storia dell'Atalanta: quarto posto in serie A, quindi nuova qualificazione per la Champions; finale di Coppa Italia (la terza negli ultimi sei anni, tutte perse...); e, soprattutto, la conquista dell'Europa League.

Vinta l'Europa League. I record di Gasperini

Il 22 maggio 2024 i nerazzurri hanno vinto 3-0 la finale di Dublino, dominando il Bayer Leverkusen campione di Germania, che in tutta la stagione non aveva mai perso. Un 3-0 con tripletta di Lookman per il secondo trofeo nella storia del club, nel solco del 3-1 – quello con tripletta di Domenghini – che sessantun anni prima aveva fruttato la Coppa Italia 1963.

La vittoria in Irlanda, da una parte, ha chiuso il cerchio, dall'altra ha aperto scenari nuovi. L'Atalanta di Gasperini ha finalmente vinto un trofeo – «Belli, ma non vincete mai» era la battuta dei detrattori –, ma il palmarès è molto di più dell'Europa League. Vanno aggiunte sette qualificazioni per le coppe europee in otto anni; un quarto di finale di Champions; tre terzi posti e due quarti posti in serie A; tre volte il miglior attacco del campionato; tre finali di Coppa Italia.

Nessuna provinciale ha mai fatto meglio nella storia del calcio italiano. Nessuna Atalanta aveva mai fatto meglio. Nessun allenatore ha mai fatto meglio di Gasperini: record di presenze, di punti, di vittorie, di gol segnati, di serie positive. Tutti i record a Bergamo sono suoi. Di qualsiasi genere. E ai record si possono aggiungere una candidatura al Pallone d'Oro a livello mondiale, due Panchine d'Oro come miglior allenatore della serie A (2018-19 e 2019-20), la cittadinanza onoraria di Bergamo.

E, ancora, il merito – ma quello lo racconterà la storia tra qualche anno – di aver cambiato il calcio europeo agli inizi di questo decennio. Il suo gioco coraggioso, offensivo, fatto di aggressività e duelli individuali, di rischi difensivi e meraviglie offensive, ha fatto proseliti in ogni angolo d'Europa. Adesso più di mezza serie A difende a tre e scala sempre in avanti, per attaccare.

Il suo calcio bellissimo da vedere ha portato l'Atalanta, una realtà di provincia senza il blasone necessario per entrare nell'élite del calcio continentale, a vincere l'Europa League. All'inizio di questa stagione la società nerazzurra era al ventesimo posto nella graduatoria dei club europei. Addirittura, dodicesima tra le trentasei società che si sono qualificate per la nuova Champions League. Numeri che valgono il diritto di sedersi al tavolo delle grandi.

Dal dialetto al mondo. Bergamo si fa internazionale

Naturalmente, in parallelo alla storia di Gasperini, c'è una serie di record stabiliti dai giocatori, che in questo periodo hanno cambiato la storia del club. Si tratta di calciatori arrivati da ogni dove, perché ormai il calcio è il mondo.

Nell'Atalanta vincitrice dell'Europa League, in campo c'erano un bergamasco, quattro italiani e undici stranieri di dieci nazionalità e tre continenti diversi. In stagione l'organico ha contato ventotto calciatori, diciannove dei quali stranieri. Tanti dei quali sono entrati – con meriti enormi – nelle classifiche storiche del club. È la globalizzazione, ben rappresentata nei numeri complessivi. Dall'unificazione del 1929 nell'Atalanta hanno giocato 938 calciatori, 186 dei quali stranieri (uno ogni cinque), arrivati da 44 nazioni diverse: dal Canada all'Argentina, dal Portogallo alla Russia, dalla Tunisia alla Nigeria, dall'Iraq all'Australia. Si può dire che dall'Atalanta è passato il mondo.

Il dato è sorprendente per un club che nella sua storia aveva fatto della «bergamaschità» un segno distintivo. Sì, perché un altro quinto dei 938 calciatori con almeno una presenza nell'Atalanta sono bergamaschi. Nell'estate 2018 aveva fatto scalpore, a fine mercato, la scoperta che nell'organico della prima squadra non c'era alcun giocatore bergamasco, per la prima volta in centoundici anni di storia. In una rosa di ventisette giocatori, diciassette erano stranieri, tra i quali c'erano persino un iracheno e un gambiano. Ma nessun bergamasco. Però il gambiano – Musa Barrow – era un prodotto del vivaio dell'Atalanta, un ragazzo cresciuto a Zingonia.

La globalizzazione passa anche dal settore giovanile, nel quale oggi militano ragazzi che arrivano da ogni angolo del mondo, stranieri nati e cresciuti in Italia, italiani di etnie diverse. C'è posto per tutti. I segni distintivi sono le qualità calcistiche, alle quali poi aggiungere comportamenti adeguati.

Certo, vien da sorridere ripercorrendo la storia, perché l'Atalanta per cent'anni aveva raccontato ben altro. Dai già citati sette bergamaschi negli undici titolari della prima promozione in A (1937) alle abitudini degli anni Sessanta. In quel periodo nell'Atalanta giocavano quasi solo «indigeni», con l'aggiunta di qualche lombardo ed eccezionalmente dello straniero di turno, al quale il gruppo imponeva di imparare in fretta i rudimenti del dialetto. Perché poi in campo quella era la lingua usata per comunicare, ai tempi incomprensibile per gli avversari, nonostante si giocasse praticamente solo in Italia.

Fino al 2016 nei primi dodici calciatori per numero di presenze c'erano sette bergamaschi e altri tre che lo sono diventati scegliendo di fermarsi a vivere a Bergamo. Ben sei allenatori dei primi dieci (sempre per presenze) erano bergamaschi, o delle zone limitrofe, o avevano giocato nell'Atalanta. Nella storia del club c'erano stati solo presidenti bergamaschi, più un siciliano di Caltagirone (Giacomo Randazzo, ventotto anni nel club, per tre mesi alla presidenza), nei fatti più bergamasco dei bergamaschi.

In otto anni è cambiato tutto. Oggi – nelle statistiche riferite ai tornei europei – ci sono dieci stranieri nei primi dieci atalantini per numero di presenze, e otto stranieri nei primi dieci per gol segnati. Sono tutti protagonisti dell'era Gasperini. Due di questi compaiono anche tra i primi dieci di sempre per presenze. Sono i capitani della stagione 2023-24, il brasiliano Rafael Tolói (naturalizzato italiano e campione d'Europa nel 2021 con gli azzurri) e Marten de Roon, l'olandese che è ormai diventato un'icona.

Classe 1991, de Roon in otto stagioni (nove al 2024) è il secondo di sempre per presenze nell'Atalanta, piazzandosi tra due monumenti bergamaschi: Gianpaolo Bellini, tutta la carriera in nerazzurro (otto anni nel vivaio, poi diciotto in prima squadra: ventisei in totale), e Valter Bonacina, dieci stagioni con l'Atalanta. Ed entrambi poi tecnici del settore giovanile, nel quale Bellini lavora ancora oggi.

Non solo. De Roon è anche quinto assoluto per presenze in campionato (A, B e C), primo per presenze in Europa e nella stagione 2024-25 diventerà primo per presenze in A. È difficile far di meglio per un bergamasco (almeno per spirito di sacrificio, impegno, abnegazione, umiltà) che per qualche stranissima ragione è nato in Olanda.

Gestione collegiale: l'Atalanta è un'azienda orafa

Ma qual è il segreto di questa nuova Atalanta? Anzitutto la gestione collegiale. Sul piano mediatico emerge Gasperini, ma il tecnico è solo la punta dell'iceberg. In realtà, il club è una specie di azienda orafa molto ben organizzata. L'area tecnica (prima Giovanni Sartori, poi il gallese Lee Congerton, adesso Tony D'Amico), sempre coordinata dalla proprietà, porta in fabbrica pietre grezze nelle quali gli uomini dello scouting «vedono» potenziali gioielli. Gasperini è il mastro orafo che lavora quelle pietre estraendone capolavori, l'amministratore delegato Luca Percassi, poi, vende quei capolavori a prezzi che sono la fortuna del club.

Il perfetto funzionamento del giochino in otto anni ha fruttato circa quattrocentoquaranta milioni di plusvalenze nette (detratte le minusvalenze), interamente reinvestite nel club, con la squadra che a ogni cessione anziché indebolirsi sembra migliorare. Le partenze, a prima vista dolorosissime, in realtà si sono sempre rivelate un'occasione per migliorare grazie all'inserimento di sconosciuti a loro volta poi diventati fortissimi. Così la costante crescita della società ha portato a nuove dimensioni.

I giocatori acquistati a due milioni e poi venduti a venti sono via via diventati giovani presi a quindici milioni e venduti a sessanta (Koopmeiners), con il picco di Højlund, un ragazzino danese pescato nello Sturm Graz, in Austria, a diciassette milioni, e dopo una sola stagione a Bergamo ceduto per settantacinque milioni al Manchester United. In nove mesi l'investimento è quasi quintuplicato di valore.

L'estate scorsa, poi, per la prima volta nella storia recente, l'Atalanta ha chiuso il mercato praticamente in pareggio, senza un utile di mercato. Il club ha investito cifre rilevanti per ingaggiare diversi giocatori giovani di grande prospettiva, tutti nel giro della Nazionale. A organico completo, Gasperini allenerà se azzurri: Bellanova, Brescianini, Retegui, Scalvini, Scamacca e Zaniolo.

La scelta può avere solo due spiegazioni. Si potrebbe trattare di un cambio di strategia, deciso con l'intento di inseguire traguardi più grandi di quelli raggiunti durante questo ciclo. Oppure si può pensare che le ingenti entrate portate dalla nuova Champions League siano considerate già la plusvalenza stagionale. L'Atalanta, infatti, incasserà circa cinquanta milioni dal solo accesso al principale torneo continentale, a prescindere dal percorso successivo e dai relativi premi.

Vien da pensare a un'Atalanta rinforzata anzitutto per cercare di confermarsi in Champions, perché ogni stagione nel principale torneo continentale fa fiorire il bilancio.

I miracoli dei Percassi. Col socio americano

D'altronde, nel far di conto i Percassi sono dei maestri. Nel 2010, quando l'hanno rilevata dagli eredi Ruggeri, l'Atalanta ha comportato un investimento – tra acquisto e successivi aumenti di capitale – di circa trentuno milioni. Oggi, quattordici anni dopo, il club presenta a bilancio un patrimonio di centonovanta milioni e lo stadio di proprietà valutato novanta milioni.

Nessuna azienda «normale» offre questi rendimenti. Anche se il gruppo Percassi non è un'azienda «normale». Nel 2023 (ultimo dato disponibile) la Holding Odissea – retail, real estate, centri commerciali – ha fatturato circa 1,3 miliardi di euro. Antonio Percassi, a guida della holding e presidente dell'Atalanta, ha un patrimonio personale stimato in 1,7 miliardi di euro. E, al momento, è l'imprenditore bergamasco che occupa più persone nel mondo: i suoi dipendenti sono quasi diecimila distribuiti in tutti i continenti.

Nel febbraio 2022 i Percassi hanno ceduto il 55% del club al tycoon americano Stephen Pagliuca per una cifra mai comunicata ufficialmente ma, stando ai *rumors*, di circa duecentoquaranta milioni. La valutazione complessiva del club è arrivata vicino a quattrocentocinquanta milioni. E la gestione è comunque nelle mani dei Percassi.

Stephen Pagliuca è un americano di Brooklyn, New York, di chiare origini italiane: le sue radici sono a Muro Lucano (Potenza), in Basilicata. Ora vive a Boston, nel Massachusetts, è tra i soci fondatori del fondo Bain Capital (centoottantacinque miliardi di dollari di capitale amministrato) e si occupa dei Boston Celtics (campioni in carica nel basket Nba). Visti i risultati che sta ottenendo l'Atalanta, il co-presidente arrivato da oltreoceano sa che il suo investimento è gestito in modo da garantirgli adeguate soddisfazioni. Ha capito che a Bergamo si amministra sempre per tenere i conti in ordine e al contempo per far crescere la squadra e il club, sul territorio e nelle infrastrutture.

Cento milioni per lo stadio di proprietà

Nel giorno del suo centodecimo compleanno – il 17 ottobre 2017, data non scelta a caso – l'Atalanta ha sottoscritto con il Comune di Bergamo l'atto d'acquisto dello stadio cittadino. Lo stesso stadio inaugurato nel 1928, allora avveniristico e ottantanove anni dopo del tutto inadeguato al calcio moderno, nonostante i tanti interventi di ammodernamento fatti nel tempo.

Lo stadio doveva essere completamente ristrutturato per essere a norma con le disposizioni della Uefa e garantirne un utilizzo razionale dato che si trova all'interno del territorio cittadino, circondato da quartieri residenziali. La programmazione iniziale ha dovuto fare i conti con la pandemia e i lavori hanno anche obbligato il club a giocare alcune gare interne lontano da Bergamo o a convivere con i cantieri.

L'Atalanta ha comunque rifatto prima una curva e poi l'altra, arrivando a uno stadio di ventiquattromila posti, praticamente tutti seduti e coperti, inaugurato nell'autunno 2024. L'investimento complessivo è stato di cento milioni, dall'acquisto dell'impianto ai costi di ristrutturazione e delle infrastrutture esterne destinate anche al territorio. C'è, per esempio, un parcheggio sotterraneo di trecentottanta posti riservato al club quando gioca in casa e di libero accesso al pubblico tutti gli altri giorni della settimana.

La media degli spettatori che seguono le partite casalinghe dell'Atalanta è salita da quindicimila a ventiquattromila persone. In pratica a ogni gara c'è il tutto esaurito. Il pubblico bergamasco risponde sempre alle chiamate del club. La tifoseria è a suo modo unica, irrazionalmente orgogliosa, spesso estrema nelle sue frange più calde.

Negli anni bui delle battaglie tra ultras, la curva dell'Atalanta era spesso protagonista. Storicamente alleata solo alla Ternana, la parte più estrema del tifo nerazzurro ha subito processi e condanne. Poi il mondo è cambiato anche nelle curve, l'evoluzione è passata da una miglior comunicazione, da meno violenza e da gesti di solidarietà sempre più frequenti. Per esempio, gli aiuti alle vittime del terremoto ad Amatrice, a L'Aquila, in Emilia; alle vittime dello tsunami nel Sudest asiatico e ai bambini del Ruanda.

Nel 2020, in piena emergenza Covid, servivano volontari per allestire un ospedale alla Fiera di Bergamo: in pochi giorni decine di artigiani specializzati in ogni genere di lavoro sono stati mobilitati dalla curva e insieme ai gruppi alpini hanno costruito da zero un vero e proprio ospedale, regalando alla comunità ore di lavoro, materiale, competenze. Nell'estate 2023 squadre di volontari hanno aiutato a liberare dal fango i cinque quartieri di Bergamo travolti dalla furia dei torrenti Morla e Tremana, usciti dagli argini per l'eccezionalità del maltempo.

Sono gli stessi tifosi arrivati in ottomila a Dublino per la finale di Europa League, o in ventiduemila a Roma per la finale di Coppa Italia del 2019, la prima delle tre appena giocate. La filosofia è sempre la stessa: si va, si tifa e si accetta di vincere e di perdere, perché comunque si è andati a sostenere l'Atalanta.

Le manifestazioni di popolo hanno contraddistinto

per anni la vita di Bergamo. La curva organizzava la Festa della Dea, che via via si è trasformata da un appuntamento con birra e salamelle in una grande festa popolare. Il centro di coordinamento dei club Amici dell'Atalanta (un centinaio di sezioni create in provincia e alcune all'estero, e siamo in un territorio di un milione di abitanti) ogni anno a fine campionato promuove e gestisce, in città, la «Camminata nerazzurra». Migliaia di persone, vestite con una maglia nerazzurra preparata per l'occasione – spesso si tratta di famiglie intere con bambini al seguito, sempre di più arrivano da fuori provincia –, passeggiano per Bergamo lungo percorsi appositamente studiati e gestiti. Nel 2018, prima del Covid, si è raggiunto il record di partecipanti: sedicimila iscritti.

L'Atalanta farà il museo dell'appartenenza

Adesso il tema «nobile» è il museo. Dopo lo stadio, il museo dell'Atalanta. Ufficialmente annunciato in un'intervista al *Corriere della Sera* dall'amministratore delegato Luca Percassi, l'allestimento del museo era stato indicato come passo successivo al rifacimento della curva sud, sotto la quale dovrebbe trovare ospitalità.

Mentre i confronti interni tra la proprietà e i professionisti coinvolti stanno definendo un primo progetto dell'iniziativa, nel mondo Atalanta ci sono ormai sempre meno dubbi sui valori che il museo dovrà rappresentare.

Se sei l'Atalanta, è ovvio, non puoi proporre un museo dei trofei. In centosedici anni di storia ne hai vinti appena due, per metterli in mostra basterebbe una stanza con due teche, una per la Coppa Italia 1963, l'altra per l'Europa League 2024. Fine. Lo sanno bene i rivali, che appena ne hanno occasione ironizzano: «Un museo dell'Atalanta? E per metterci cosa?».

No, non un museo per metterci «cose», ma un luogo per certificare un'identità. Un posto capace di aiutare chi lo visita a comprendere cos'è l'Atalanta e perché essere atalantini è differente. L'Atalanta non ha vinto i trofei delle grandi, eppure vale comunque un museo. Ma dovrà essere un museo assolutamente speciale: un museo dell'appartenenza.

Può un museo spiegare, se non ha trofei da mostrare? Quando si cita l'appartenenza, gli appassionati di calcio pensano in particolare all'Athletic Bilbao, nel quale possono giocare solo calciatori baschi, o di origini basche, o cresciuti nei vivai di club baschi. Ci sono, però, almeno due grandi differenze. Primo: l'Athletic Bilbao ha conquistato trentasei trofei nella sua storia, in Spagna solo Real Madrid e Barcellona hanno vinto di più. Secondo: l'Atalanta ormai da un decennio ha fatto dell'internazionalità dei suoi atleti un segno distintivo. Così come i bergamaschi sono ovunque nel mondo, si può essere atalantini anche arrivando da ogni angolo del pianeta.

L'Atalanta è una società capace di costruire le sue fortune sui ragazzi del vivaio e sulla scelta di tenere i bilanci in ordine, rigorosamente bergamasca eppure internazionale come poche altre, capace di fare dello spirito di sacrificio e del senso d'appartenenza i suoi segni peculiari. Una società del genere un museo ha il dovere di crearlo.

Un museo capace di spiegare l'incredibile storia qui proposta a grandi linee. Un museo dell'appartenenza.

Pietro Serina (Fontanella-Bergamo, 1961) è un giornalista sportivo italiano. Scrive per il *Corriere della Sera di Bergamo*, prima ha lavorato a *L'Eco di Bergamo* dal 1976 al 2023, scrivendo di calcio provinciale e poi di Atalanta. Da quarant'anni si occupa quotidianamente della squadra nerazzurra, seguendola ovunque giochi nel mondo. Autore di una collana di tre volumi dal titolo *Cent'anni di Atalanta* (2007, con Elio Corbani) e *La Storia dell'Atalanta. Dal sogno all'Europa* (2018, con Piero Vailati), è considerato la memoria storica del calcio bergamasco.

Questo libro è stampato fabbricato da Grafica Veneta S.p.A.
con un processo di stampa e rilegatura certificato 100% carbon neutral
in accordo con PAS 2060 BSI

Finito di stampare nel mese di ottobre 2024
per conto di RCS MediaGroup S.p.A.,
da Grafica Veneta S.p.A., via Malcanton 2, Trebaseleghe (Padova)
Printed in Italy